マンガで実用使える禅

別讓每件事都煩到你

枡野俊明 監修

夏江まみ 漫畫

卓惠娟 譯

漫畫圖解

社長室
好！那麼
這個專案就交給你了！好好幹！
是！
我一定會努力！
雖然全權委託給我，我沒什麼自信……
高橋 悟
（28 歲）
喔！回答得好。
只不過呢……

死氣沉沉……
總覺得你的部門有股凝重的氣氛……
啊！
對了！給你一個好東西！
好東西？
我先……告退了。
說是好東西……
關門聲……

噔——噔!!
這是什麼？
啪！——啪！
這是成功帶領其他部門的開運達摩！
是不是很帥？好好珍惜他唷！
沒問題嗎？
畢竟我們部門實在是……

我回來了！
篠原薰
（23 歲）
辛苦你了~
喂，高橋
什麼事嗎？
又在看推特……
……
快點把公文交給田渕先生。
守屋一志
（45 歲）

田渕政男
（58 歲）
不在……
對了！田渕前輩……
田渕前輩去吃午餐了喔。
咦？是嗎？還真早……
木崎冬美
（34 歲）
怎麼了？你拿那個達摩是在搞笑嗎？
不，這是社長他……
誰在跟你搞笑！

真是的！不覺得很失禮嗎？
哼……
每個傢伙都一臉死氣沉沉……
?!!!
嗯？怎麼了嗎？
?
咦？這個嘛……
什麼？
你很囉唆耶。
你很吵耶。

登場人物介紹

高橋悟（28歲）

本書主角。個性老實而經常受到周遭的人擺布。雖然被任命為專案組長，但無法整合小組成員而煩惱。

不倒翁（達摩）

察覺部門負能量太強，因此透過主角高橋悟闡述禪的教誨。對於有苦惱的人無法置之不理，但也不因此而縱容。

木崎冬美（34歲）

總是眉頭深鎖的美女。個性認真，凡事都想太多，以致經常失眠。被調派至夕陽部門以求改善業績，是公司寄予厚望的人才。

田渕政男
（58 歲）

只求少做少錯，一心等退休的老員工。雖然位居管理職，卻不擅長帶領部下。被過去的成功以及自己的做法絆手絆腳。

篠原薰
（23 歲）

比起工作，朋友和男友優先。整天依賴社群媒體，實際上是缺乏自信。

守屋一志
（45 歲）

工作及家庭一肩扛的四十多歲上班族。隨身帶著胃藥，專長是推卸工作，抱著「多一事不如少一事」的心態。

目錄 CONTENTS

第四章 十牛圖的啟示

第五章 日常生活中的實踐

以禪解憂！枡野禪師的人生諮商Q&A

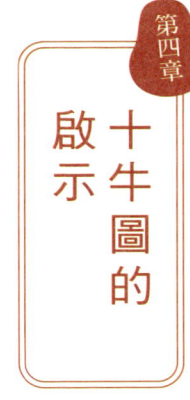

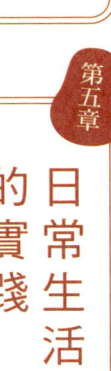

改變人生的80句禪語

NO 03 有助於人生的禪語 222

參考文獻

監修者・枡野俊明著作

・《禅と禅芸術としての庭》（毎日新聞社，2008 年）
・《禅の言葉》（大和書房，2011 年）
・《[図解] 禅で身につく「人生」と「仕事」の基本》（PHP 研究所，2012 年）
・《禅の言葉に学ぶ ていねいな暮らしと美しい人生》（朝日新聞出版，2012 年）
・《禅が教える人生という山のくだり方》（KADOKAWA，2016 年）
・《人生を整える 禅的考え方》（大和書房，2017 年）
・《禅の言葉で暮らしをグレードアップ 実践！一日一禅》（NHK 出版，2017 年）
・《リーダーの禅語》（三笠書房，2017 年）

其他

・鈴木大拙著，《禅とは何か》（角川書店，1999）
・サダマシック・コンサーレ著，《イラスト図解 心があたたまる禅の言葉》（宝島社，2014 年）
・石飛博光著、渡會正純監修，《ほっとする禅語 70》（二玄社，2003 年）
・島津清彦著，《翌日の仕事に差がつく おやすみ前の 5 分禅》（天夢人，2018 年）
・細川貂々著，《大丈夫、みんな悩んでうまくいく。てんてんの「十牛図」入門》（朝日新聞出版，2011 年）
・ひろさちや著，《知識ゼロからの禅入門》（幻冬舎，2011 年）

・本書內容因各宗派或寺院而有所差異。
・本書登場的角色不倒翁（達摩）、是根據實際存在的達摩祖師為藍本而描繪出來的模樣。

讓我們實踐禪學，
一起好好地調節身心！

曹洞宗德雄山建功寺
枡野俊明和尚

第一章

禪的基礎知識

在瀰漫著負面氣息的部門裡，
高橋悟被任命為專案負責人。
想盡辦法要讓同事團結……
卻有個謎樣的達摩對高橋搭話，
這傢伙究竟是誰？！

達摩的裝飾品竟、竟然會講話？
別再搖了。我都頭暈了。
果然是一個靜不下來的人。
你好像常做一些徒勞無功的事……
前天因為努力過度睡過頭
工作量超過負荷
嗚……

話說回來，你的坐姿也太差了！
咦？什麼意思？
你站起來一下。
確實……
脖子太往前伸而使頭超過肩膀，加上駝背，導致只能用腰部來支撐身體。
挺直
這個姿勢會使呼吸不順暢，
所以不要駝背，要挺直背脊，讓骨盤維持在正常位置。

呼…
啊！
是不是胸部更加敞開，呼吸更順暢了？
調身
身體姿勢端正
調息
呼吸順暢
調心
心念就能安定
身體的姿勢端正，呼吸就能更綿密深長，心念就能平和安定。
這稱為調身、調息、調心。
嗯，有道理！
我稍微試試看。

隔天
喂！
我本來不擅長簡報，但因為特別留意了姿勢，結果比往常沉著地完成簡報了！
你還知道其他哪些商務技能嗎？
？
不，那不是商務技能，這是佛教的教誨。
是嗎？
這是佛教宗派之一的「禪宗」所重視的喔！
禪？

禪宗的傳播途徑
犍陀羅地區
敦煌
雲岡
高句麗
新羅
摩揭陀地區
長安
龍門
百濟
日本
中國
印度
緬甸
斯里蘭卡
禪宗是佛教的一個宗派，
你知道佛教是由釋迦牟尼在印度開悟後創立的吧？
六世紀初，禪宗由印度流傳到中國，在中國發揚光大，
後來再流傳到日本。當時著名的禪僧大概是這幾位吧？
曹洞宗 道元禪師
臨濟宗 榮西禪師
黃檗宗 隱元禪師

有關禪的歷史先說到這裡。
雖然你成為專案組長，卻不太順利是吧？
等一下！
大家都各自為政，
大小事都隨著他們團團轉。
田渕又不在……
下班

禪可以解決你所有的煩擾！
因為老夫是開山祖師！！
菩提達摩
禪宗開山祖師
既然提到了……
我們不是常說「主人公」這個詞嗎？這其實是禪語。
禪語？
不可思議
本來無一物
日日是好日
禪語，就是表達禪宗思想的話語。
主人公
小魚吞大魚

在禪宗裡，「主人公」並不是指故事的中心人物。
是能自己主動思考，
不活在過去、也不活在未來，而是活在當下，
不被任何事物拘束的生存方式。
未來
現在
過去

那麼，我問你。你現在想怎麼做？
回家路上
感覺好沉重……
我想要怎麼做？我從沒想過……

有寺院……
大地黃金
這也是禪語？
等一下查詢看看……
寺
HSK

超多資料！可是都很難。
不過，的確也有些觸動我的地方呢……
No!
我當然希望專案成功，
啊，我以前姿勢真的太差。
但我覺得禪應該有更深一層的涵義……
隔天
不～倒～翁～
有關昨天的事，我想打造一個大家都能成為「主人公」的團隊！

……!!
禪和哲學這種學問不同，「禪即行動」，
應該透過身體去親自體會。
在生活中身體力行領悟什麼是禪！
我要試試看！
總之，先從調身、調息、調心開始對吧？
是的，第一步就是這個！
一個人在那邊發什麼神經？

什麼是「禪」

是成為「主人公」與活在當下的啟示

重要的不是學習知識，而是身體力行

「禪宗」是印度佛教加上中國思想而誕生。佛教是源自印度的釋迦牟尼佛，由弟子傳承他的教誨。到了第二十八代的達摩（菩提達摩祖師），將佛法從印度帶到中國宣揚教義，因此誕生了反映融合印度與中國思想特質的「禪宗」。禪宗在中國唐宋時期盛極一時，幾乎可說是一國的宗教。在日本則主要是在鎌倉時代發揚光大。

禪宗的獨特思想稱為「禪」。最大的特點是「禪即行動」。也就是著重「身體力行」。作為一門學問，禪修並不是只靠腦袋學習知識，更重要的是透過身體，由自己實際體會、感悟。

禪宗相信任何人都具備「佛性」，擁有可以成佛的潛質。所謂的佛性是純淨無瑕的「本來面目」。透過反覆嚴格的修行，去除煩惱、成見、執念，最後就能找到自己的佛性。

能運用在日常生活中才是生存的教誨

禪修比起研讀經典（文字或語言），更重視將意識集中於身體感受。禪宗修行的核心是坐禪，而坐禪的基本原則是「調身、調息、調心」。透過端正姿勢（調身）、讓呼吸自然平穩（調息）、讓身體五種感官更加敏銳（調心），如此一來，就能釐清原本在腦中的煩雜思緒，使內心平靜下來（調心）。

此外，禪宗也強調不執著於過去或未來，而是專注於「此時此刻」以及「自己應做之事」。不被他人無可奈何的想法、過去的行為，或是「如果變成這樣該怎麼辦」的擔憂所左右，而是認為只要誠心誠意地投入現實中、此時此刻自己應做的事情即可。

「主人公」是禪宗思想精華的禪語之一，指的是保有自主性，同時不被任何事物束縛的自由狀態。對於承受各種壓力的現代人來說，禪宗蘊藏著許多提示，幫助我們不迷失自我，以「主人公」的姿態積極面對人生。即使在日常生活中難以進行完整的禪修，只要在意識到的時候坐禪，或是看看禪語，內心應該也會有所改變。

為什麼
禪宗在現代備受關注？

為了活出最精彩人生所需的思維

歷史名將與劍豪也為之拜服

鎌倉時代在日本廣為流傳的禪宗，即使到了現代，依然受到世界各地人們的推崇，尤其是身處激烈競爭環境下的企業經營者、領導者、政治家、知識分子等。禪宗在世局動盪之際，更容易為人所接受。鎌倉時代戰亂不斷，為了爭奪領地，連父子兄弟也爾虞我詐，甚至反目成仇，讓人們心中充滿不知道該相信什麼的不安，以及一覺醒來是否還能活著的恐懼。在這樣的時刻，「活在當下，盡情活著，坦然面對死亡」的禪宗思想便深深吸引了投身戰場的武士。

鎌倉幕府的北條時賴創建建長寺，並師從蘭溪道隆；其子北條時宗則皈依鎌倉圓覺寺的開山祖師無學祖元；開創室町幕府的足利尊氏師從京都天龍寺的開山祖師夢窗疎石；武田信玄與山梨惠林寺的住持快川紹喜交好；劍豪柳生宗矩則與京都大德寺和宗鏡寺的澤庵宗彭來往密切；宮本武藏更是在熊本雲巖禪寺的靈巖洞中寫下劍術的《五輪書》。

What is "Zen"?

另一方面，現代社會充斥著裁員、經營方針變更等瞬息萬變的狀況，資訊操作也相當頻繁。在這個難以分辨該相信什麼、該相信誰的時代，或許與戰國時代有著異曲同工之妙。人們在提倡堅定自我的禪宗之中，尋求心靈的寄託。

此外，禪宗的基本修行方法：坐禪也備受矚目，並以商業領域為中心，掀起一股正念冥想的熱潮。隨著科學的發展，現代人已能夠測量腦波和荷爾蒙，坐禪的有效性也開始得到醫學上的認可。

然而，「為了某種目的而做」這種追求效益的想法，原本於禪宗並不存在。預先追求成果，就如同執著於成果一樣。對於「該相信什麼」的疑問，禪宗認為，除了相信自己並活下去之外別無他法。只有一次的人生，要堅定內心，透過身體力行的「行」，造就一個能夠將所有精力傾注於「當下」應做之事的自己。而「修行」就是修煉這個「行」。如此一來，即使不是追求開悟的禪僧，任何人都能提升自我，獲得成果。禪宗是一種透過身體力行來度過精彩人生的實踐性哲學。

禪宗簡史

源於印度

禪宗起源於印度，是釋迦牟尼佛（佛陀）透過坐禪悟道而創立的佛教。在印度，佛教將佛法分為戒學、定學、慧學三學。戒學是指端正行為，不做壞事；定學是指透過坐禪放下煩惱；慧學是指研究經典。在貧富差距懸殊的印度社會，人們相信輪迴轉世，認為人會在今生、來世不斷生死輪迴，最後成佛。

在中國的發展與達摩的教誨

釋迦牟尼佛的教誨代代相傳，第二十八代祖師達摩誕生於印度。達摩於六世紀初來到中國，致力於傳播佛法。中國傳統思想原本就比印度更注重今生，而非來世。因此，以實踐為主的定學在中國廣為流傳，並融合了戒學和慧學。就這樣，在六世紀上半葉的南北朝時期，正式確立「禪宗」的宗教團體。達摩重視坐禪的「實踐」而非理論，奠定禪宗的基礎，因此被尊稱為禪宗的開山祖師。

北宗禪與南宗禪

繼達摩之後，禪宗的教誨由二祖慧可、三祖僧璨等人傳承。到了四祖道信時期，禪宗開始有了集體修行，而五祖弘忍（※1）時期，據說弟子人數超過七百人。在眾多弟子之中，出現神秀和慧能兩位傑出的人才。後來，兩人之間發生激烈的依缽傳承之爭，禪宗也因此分裂為神秀帶領的北宗禪和慧能帶領的南宗禪。北宗禪主張透過不斷修行達到開悟，稱為「漸修主義」；而南宗禪則主張頓悟，稱為「頓悟主義」（※2）。

最後北宗禪式微，六祖慧能帶領南宗禪成為主流，代代傳承至今。

五家七宗

南宗禪又衍生出南嶽懷讓和青原行思兩大支系。到了唐代，南嶽懷讓的支系發展出臨濟宗和溈仰宗，青原行思的支系則發展出曹洞宗，不久又衍生出雲門宗和法眼宗。到了宋代，臨濟宗又分為黃龍派和楊岐派。這些宗派合稱為五家七宗。

五家之中，流傳至今的只有臨濟宗和曹洞宗。臨濟宗的祖師是臨濟義玄，而曹洞宗則是由洞山良价和曹山本寂兩人創立，曹洞宗的名稱便是源於兩位祖師的法號（※3）。

禪宗在日本的發展：臨濟宗、曹洞宗、黃檗宗

日本主要有臨濟宗、曹洞宗、黃檗宗三大禪宗。鎌倉時代初期，明庵榮西將臨濟宗（黃龍派）傳入日本，永平道元則將曹洞宗傳入日本（※4）。榮西受到鎌倉幕府執權北條政子（當時源賴朝已過世）的禮遇，開創壽福寺，之後又在源賴家的支持下，在京都創建建仁寺。榮西廣泛傳播佛法，將天台宗、真言宗和禪宗融合在一起。而真正將臨濟禪宗完整傳入日本的則是蘭溪道隆。

另一方面，由道元傳入的曹洞宗則遠離政治中心和掌權者，並嚴格禁止修行者兼修其他宗派。道元在深山幽谷之地（現在的福井縣）創建大佛寺，後來改名為永平寺。他致力於將正確的佛法傳授給弟子，即使只有一個人也要傾囊相授。

到了江戶時代，最後一個傳入日本的禪宗——黃檗宗，由隱元隆琦從中國（明代）傳入。隱元隆琦在京都宇治創建萬福寺，不僅臨濟宗和曹洞宗的僧侶，就連其他宗派的僧侶也深受隱元隆琦的影響。此外，中國明代風格的建築、普茶料理、煎茶等獨特的文化也隨之傳入日本，產生深遠的影響。

※1　日本一般宗派將弘忍讀作「KOUNIN」，臨濟宗則將弘忍讀作「GUNIN」。
※2　根據近年研究顯示，北宗禪也有頓悟的思想。
※3　關於宗派名稱的由來眾說紛紜。
※4　在榮西和道元之前，禪宗也曾傳入日本，但未能扎根。

禪的發展過程

印度、中國篇

西元前五世紀
印度

釋迦牟尼的教誨繼續傳承（摩訶迦葉、阿難陀、商那和修）

釋迦牟尼
（佛陀）

創立佛教

印度佛教的三個教誨

- **戒學** 恪守戒律，端正行為
- **定學** 坐禪以放下煩惱
- **慧學** 研究經典

南北朝時代（439～589）六世紀初期
中國

禪宗開山祖師
（佛教第 28 代祖師）

達摩
（菩提達摩）

傳播到中國
開創禪宗

在中國以**定學**為核心，成為「**禪**」

達摩的教誨繼續傳承（二祖慧可、三祖僧璨、四祖道信）

禪宗的發展

禪宗在中國成為宗教團體，重視坐禪的「實踐」。

唐（618～907）
中國

弘忍（五祖）

北宗禪
神秀
「**漸修主義**」透過修行逐漸悟道。
→ 北宗禪式微

南宗禪
慧能（六祖）
「**頓悟主義**」在修行中一舉頓悟。

唐（618～907）
宋（960～1279）
中國

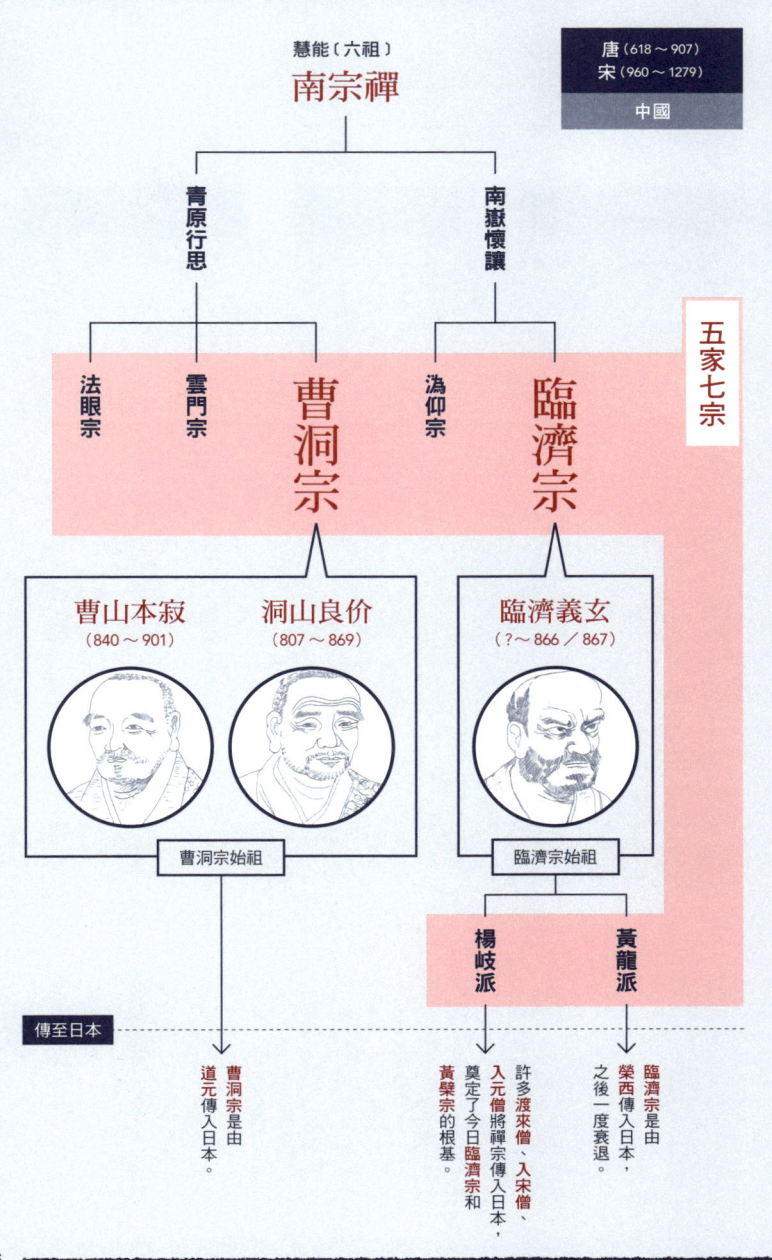

慧能（六祖）
南宗禪

青原行思
- 法眼宗
- 雲門宗
- 曹洞宗

南嶽懷讓
- 溈仰宗
- 臨濟宗

五家七宗

曹山本寂
（840～901）

洞山良价
（807～869）

曹洞宗始祖

臨濟義玄
（?～866／867）

臨濟宗始祖

- 楊岐派
- 黃龍派

傳至日本

曹洞宗是由道元傳入日本。

許多渡來僧、入宋僧、入元僧將禪宗傳入日本，奠定了今日臨濟宗和黃檗宗的根基。

臨濟宗是由榮西傳入日本，之後一度衰退。

日本篇

鎌倉時代

明庵榮西

（1141～1215）

將臨濟宗
傳入日本。

永平道元

（1200～1253）

將曹洞宗
傳入日本。

室町時代

臨濟宗：與武家政權關係密切，主要的寺院多為由政府（幕府或朝廷）公認並支持的官寺。依據幕府和朝廷制定的寺院等級制度「五山十刹」[1]，臨濟宗寺院被選定並納入其中。

曹洞宗：與中央權力保持距離，主要在各地獲得地方上有權勢的武士、豪族和一般民眾的支持，逐步發展壯大。

江戶時代

隱元隆琦

（1592～1673）

於中國明朝時赴日，
開創黃檗宗。

現在的日本三大禪宗

- 臨濟宗
- 曹洞宗
- 黃檗宗

禪宗在鎌倉時期廣泛傳播

道元禪師在宋朝習得中國的純粹禪法（核心思想為「只管打坐」），並將其帶回日本，以越前的大佛寺（後來的永平寺）為據點弘法。另一方面，榮西禪師則在鎌倉幕府的庇護下傳播禪宗。此外，當時還有大日房能忍創立了「日本達摩宗」，不久後併入曹洞宗。

禪宗主要在武士階層中廣泛傳播，但當時也有許多人追求救贖，因此淨土宗、日蓮宗等「鎌倉佛教」也開始盛行。

1 鎌倉時代和室町時代，幕府仿效中國制度，將京都和鎌倉的臨濟宗寺院，按地位高低區分為「五山」和「十刹」兩個等級。

日本三大禪宗

臨濟宗

傳播人物

明庵榮西

傳播時間

1191 年（建久 2 年）

特徵

- 在鎌倉幕府的支持下，榮西禪師先後在福岡創建報恩寺、在博多創建聖福寺、在鎌倉創建壽福寺，以及在京都創建建仁寺。
- 禪修方式以「看話禪」為主，修行者在坐禪過程中，禪師會提出「公案」（禪宗問答題）來引導修行。
- 臨濟宗在江戶時期由白隱慧鶴禪師復興。

主要寺院

- 與將軍家關係密切，主要的寺院都被選定為五山十剎。

京都五山 南禪寺（列為「別格」，地位在五山之上）、天龍寺、相國寺、建仁寺、東福寺、萬壽寺

鎌倉五山 建長寺、圓覺寺、壽福寺、淨智寺、淨妙寺

曹洞宗

傳播人物

永平道元

傳播時間

1227 年（安貞元年）

特徵

- 遠離幕府等權力中心，在深山幽谷中進行嚴格的修行，重視單純地面壁坐禪。
- 道元禪師著有許多重要典籍，包括《典座教訓》和《正法眼藏》等，其中《典座教訓》被收錄於《永平清規》中。
- 主要在地方發展，對民眾、地方武士和豪族等產生了深遠的影響。

主要寺院

- 總持寺開山後，曹洞宗的影響力擴展到全國各地。

大本山[2]永平寺（福井縣）
大本山總持寺（神奈川縣）

2 宗派最重要的寺院。

黃檗宗

傳播人物

隱元隆琦

傳播時間

1654 年（承應 2 年）

特徵

- 由於在日的華人僧侶邀請，隱元禪師來到日本。室町時代中期以後，由於日本的禪宗和禪僧缺乏修行，發展停滯，隱元禪師為日本禪宗注入新的活力。
- 信徒不僅限於僧侶，也吸引了許多其他階層的人。
- 隱元禪師也傳播了普茶料理、煎茶等中國文化。

主要寺院

- 在德川幕府的庇護下，於京都宇治開山。

黃檗山萬福寺

※ 由於隱元禪師在中國屬於臨濟宗，因此他來到日本後，其宗派被稱為「臨濟宗黃檗派」，直到明治時代才正式更名為「黃檗宗」。

達摩祖師是何方神聖？

將禪宗由印度傳至中國的開山祖師

充滿諸多傳說的禪宗開山祖師

達摩是禪宗的開山祖師，被尊稱為達摩大師，在日本也備受景仰。佛教的教義由釋迦牟尼佛祖創立，歷經世代傳承，由第二十八代的達摩繼承，並創立了禪宗。

達摩大師原本是南印度香至國的三王子。有一天，第二十七代高僧般若多羅來到香至國，發掘了達摩的潛力，引導他走上修行之路。六世紀時，達摩從印度來到中國南北朝時代的梁朝，傳播禪宗的教義。他與梁武帝之間的禪宗問答十分有名。梁武帝問達摩：「我建造寺院、廣施善行，是否有功德？」達摩回答：「無功德。」武帝又問：「你是什麼人？」達摩回答：「不識（我不知道）。」

由於梁武帝無法理解達摩的境界，達摩便前往嵩山少林寺隱居修行。據說他為了追求開悟，面壁九年，紋風不動地坐禪。當時，慧可來到少林寺，懇求達摩收他為弟子，為了表達決心，他甚至砍斷自己的手臂，最後打動了達摩，成為禪宗的二祖。之後，禪宗的教義由三祖僧璨、四祖道信、五祖弘忍繼續傳承下去。

達摩基本資料

尊稱
達摩祖師
達磨

本名
菩提多羅
菩提達摩
Bodhidarma

正式名稱
震旦初祖圓覺大師
菩提達摩大和尚

「DARUMA」的由來
梵語「Dharma」
的意思為「佛法」

出身
南印度香至國
（三王子）

「禪宗」開山祖師
釋迦牟尼佛教義
傳承至第二十八代
的菩提達摩

傳說
據傳曾有人目睹達
摩死後拎著鞋子返
回印度的身影。

師父
般若多羅

「達摩四聖句」是什麼？

理解禪學的四句話

凝縮禪的根本教義精華而成的標語

禪的目標是透過修行而自行體會了悟。而能簡潔表現出禪宗思想，是在達摩圓寂後，於中國宋代時統整而成的四句話「不立文字」、「教外別傳」、「直指人心」、「見性成佛」，稱為「達摩四聖句」。

「不立文字」指的是真正重要的真理無法透過言語或文字傳承，必須重視自身的體驗與實踐；「教外別傳」則是指師徒傳授著重以體驗為基礎，而不是教授經典。其中有一段「拈花微笑」的故事。據說釋迦牟尼佛對弟子說法時，曾拈起一枝蓮花給弟子看，卻笑而不語，當時只有弟子摩訶迦葉回以微笑。釋迦牟尼佛教誨的真諦，不必透過言語或文字，也準確傳遞給摩訶迦葉了。

「直指人心」是指發現自我，覺察自己的佛性（原本的自我）；「見性成佛」則是自覺到這個真我而開悟。這四句話說明了達到「開悟」境界的過程。

禪的基本
四句關鍵話語

教外別傳

真理的教誨並非經書典籍，而是師徒傳承，直接地傳授真理。

不立文字

文字或語言有其界限，所以要重視自己的真實體驗，一心一意地實踐坐禪。

直指人心

仔細地觀照自己的內心深處，覺察佛性（本來的真我）。

見性成佛

任何人都能自覺內在具有的佛性，也就是開悟。

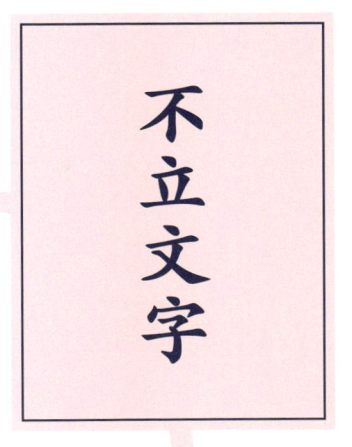

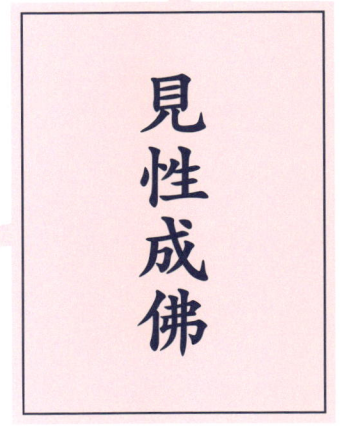

DARUMA'S POINT
達摩教誨

01

印度佛教在中國獨立發展的宗派為「禪宗」。

02

禪宗思想中的「禪」，重視身體力行，也就是「實踐」行動。

03

首先要從基本的「調身、調息、調心」開始。姿勢與呼吸調節後，心理就能逐漸調節。

第二章

禪的實踐

來去修行體驗吧！

禪宗很重視「行動與實踐」。
故事主角高橋開始對禪宗感到些許興趣，
就在此時，部門下達了「修行體驗」的指示……

高橋一個人在喃喃自語什麼……
工作一大堆還在那裡混！就是因為這副德性，才會總是慢吞吞！
鍵盤聲…
嗚……頭好痛、肩膀也痠得要命，八成是因為昨晚沒睡好吧？
一想到工作，就不由自主醒來……

不知道有沒有什麼解痛方法？找人按摩？
咦？
社長發給全部門的郵件……
什麼？要我們到禪寺體驗修行一天！
當天
氣氛凝重…

難得的假日為什麼要和公司的人一起……
沒辦法幫忙顧孩子，又要被老婆罵了……
搞什麼修行，有意義嗎？
禪的修行是什麼樣子呢？
我只想快點回家喝酒。
啊，好像就是那裡。
歡迎各位特地來到這裡。

坐禪
好痛…
打瞌睡…
藥石（用膳）
讀經
好無聊…
勞務
腰好痛…
呼呼

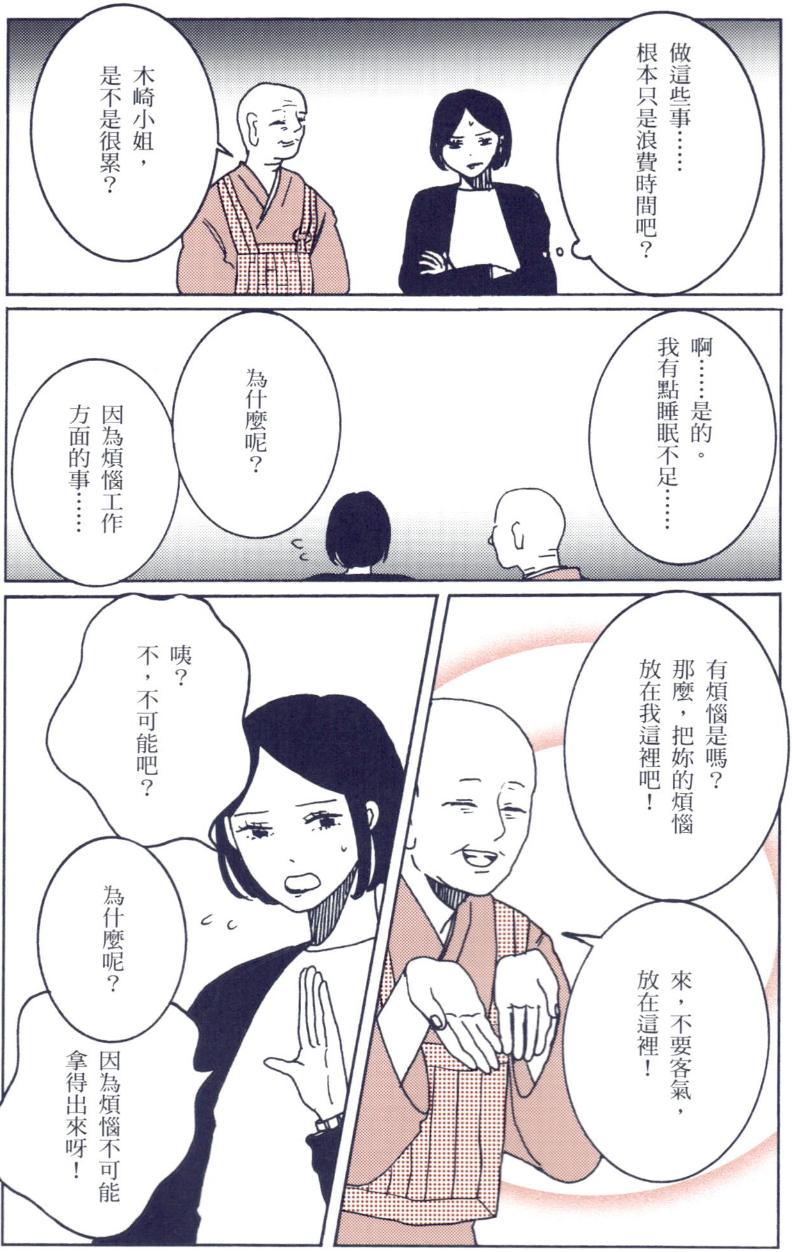
做這些事……根本只是浪費時間吧？
木崎小姐，是不是很累？
啊……是的。我有點睡眠不足……
為什麼呢？
因為煩惱工作方面的事……
有煩惱是嗎？那麼，把妳的煩惱放在我這裡吧！
來，不要客氣，放在這裡！
咦？不，不可能吧？
為什麼呢？
因為煩惱不可能拿得出來呀！

是的，因為煩惱沒有實體。
擔憂、不安、煩惱……
所以我們活著不應該被這些沒有實體的情緒綁架，
這也是禪的教誨。
木崎小姐！妳真過分，竟然在休息！
太賊了吧。
沒錯沒錯。我腰痛得要命，還不是照樣打掃？快來幫忙！
什麼？

我去一下洗手間。
對了，星期三我要提早下班。
什麼？我才不幹。那又不關我的事。
我可是一直都在工作！
哪有人這樣？平常一天到晚摸魚的篠原小姐，
守屋先生除了自己的事，對其他事向來漠不關心，有什麼資格批評我。
發生什麼事了？
一觸即發～
怎麼了？
大家冷靜一下，

各位聽過佛教中有句話叫做「諸法無我」嗎？
世上的一切，都不是各自獨立，
我們是因為種種機緣而成立，活著就需要彼此相互合作，
也就是說，團隊合作時，每一個人都不可或缺。

活著需要彼此相互合作……
這也是團隊合作嗎？
各位今天來體驗的修行，是藉由活動身體，
加以調節，然後得到自律與內心的平靜。
這正是禪的教誨。
因此，先從注意平時的姿勢，或許是個好方法。

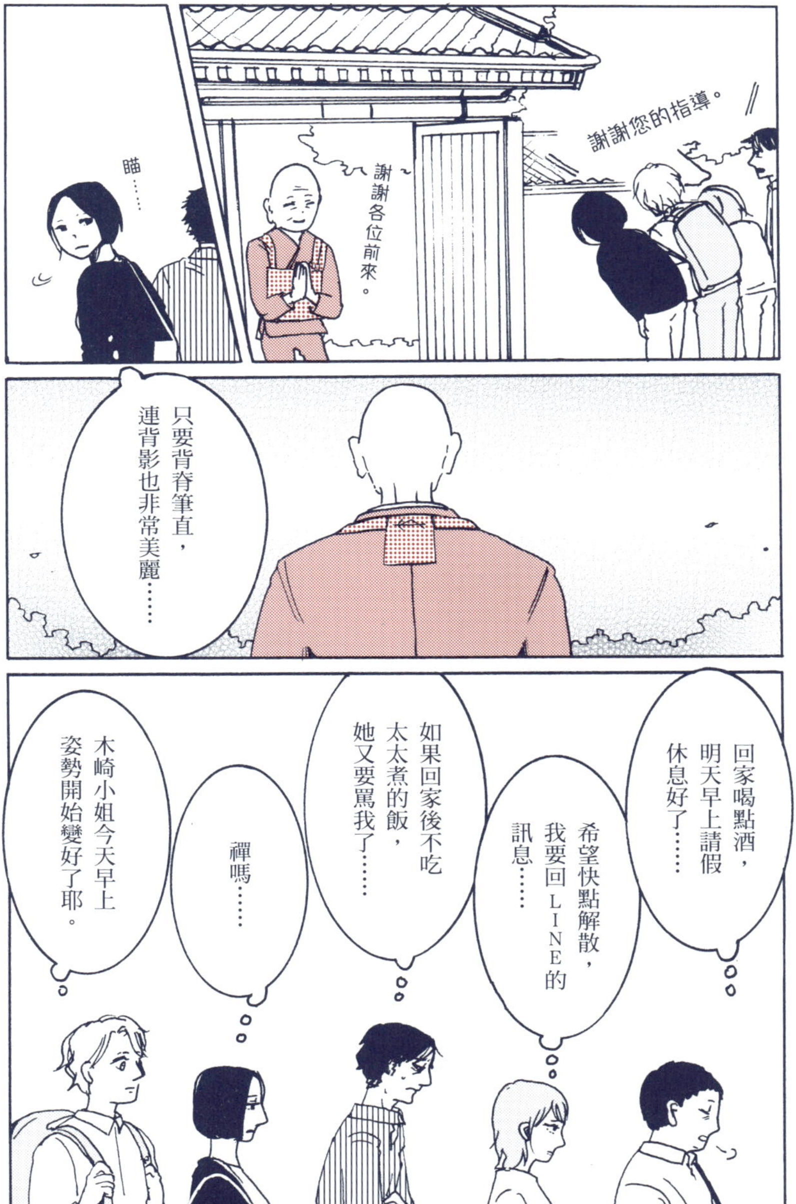
謝謝您的指導。
謝謝各位前來。
瞄……
只要背脊筆直，連背影也非常美麗……
回家喝點酒，明天早上請假休息好了……
希望快點解散，我要回LINE的訊息……
如果回家後不吃太太煮的飯，她又要罵我了……
禪嗎……
木崎小姐今天早上姿勢開始變好了耶。

包括剛剛提到的團隊合作在內，「禪」……
意外地是一種貼近生活的思考呢。
煩躁不安…
嗯……讓部門成員發揮他們特長的工作方式……
哈
完全睡不著……
嗯～
稍微打坐一下好了……

把坐墊鋪在臀部下面，盤腿而坐，膝蓋盡可能不要浮起來。
以膝蓋及臀部支撐身體，視線往下。深呼吸……
深呼吸……
什麼？你在休息？
什麼？那也要我做？為什麼？
呼哇！我忘了！
我先走了。
啊……
坐禪時，出現的雜念，請讓它「流走」，即使浮現腦海，也不要讓這些思緒盤踞停留下來。

稍微再繼續打坐一下吧。
……啊
邊吃邊工作，姿勢就會變差。
吃飯時就專心吃飯吧。
睡前打坐一下。
注意不要駝背……
打坐……

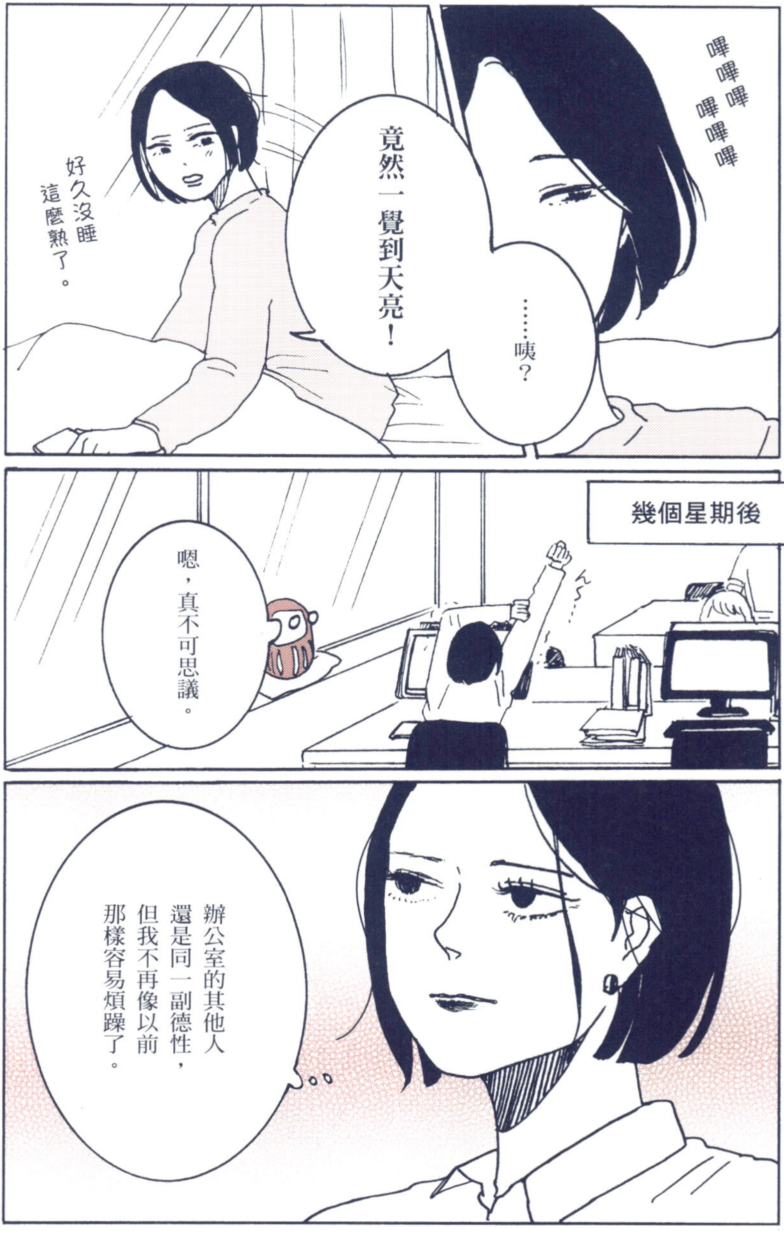
嗶嗶嗶
嗶嗶嗶
……咦？
竟然一覺到天亮！
好久沒睡這麼熟了。
幾個星期後
嗯，真不可思議。
辦公室的其他人還是同一副德性，但我不再像以前那樣容易煩躁了。

我很清楚這個做法可以讓我更輕鬆，
喃喃自語
但畢竟每個人都有自己習慣的做事方式。
跟高橋說明時，為了避免他驚慌失措，要一步一步地按順序解釋，
相反的，守屋先生有他自己的步調，所以一開始要先告知全部的行程
對，這就是所謂的「對機說法」。
驚！
?!!!

盡可能因應每個人的不同特質，以他們容易理解的方式去溝通。
針對特質或立場不同的人，仔細指導就是禪語。
裝飾品……說話了？
啊，達摩，早安。
哇，姿勢愈來愈端正了嘛！
咦？木崎小姐也聽見了？
什麼？
好了，冷靜點，這種時候深呼吸也很重要。
怎麼可能有辦法冷靜！

禪的修行是什麼？

日常生活的所有行為都是修行

日常生活中的一舉一動，在禪宗裡都視為具有鍛鍊精神和身體的意義。

實際的修行中，修行道場（僧堂）會提供一個名為「單」的榻榻米空間作為修行者的生活場所。不論是睡眠、飲食還是坐禪修行，都在這個空間內進行。

禪宗的修行主要由坐禪、讀經（誦經）和勞動三大部分組成。修行者依照鐘聲等信號，每天重複進行這三種修行，並在嚴格的時間安排下完成。勞動指的是以清掃為主，以及寺院修繕等環境整備、法會接待、農作等勞務。勞動的內容會因修行道場的地理條件等因素而有所不同，但都是重要的精神修養。坐禪修行在修行體驗中也很受歡迎，但不同宗派的坐禪方式有所不同。

即使不像修行僧那樣進行嚴格的修行，只要在日常生活中融入修行的精髓，也能調整生活節奏，確實改變身體的感受。不妨嘗試看看吧！

各宗派的坐禪特徵

據說釋迦牟尼佛在菩提樹下坐禪七天後悟道，
達摩祖師則在少林寺面壁坐禪長達九年。
坐禪在不同宗派中有著不同的修行方法。

臨濟宗

看話禪（默照禪）、公案禪

修行者彼此面對面坐著。在坐禪過程中，師父會給弟子一個稱為「公案」的問題，弟子需在坐禪時參悟這個問題。

接受警策※的方式

首先，指導者會用「警策」的扁平木尺輕觸修行者的右肩，事先告知。接著，雙方互相合掌行禮後，修行者將頭向左傾斜並低下。由於坐禪採面對面形式，因此警策會從前方打向右肩。

曹洞宗

默照禪

單純地、默默地面壁而坐，將身心完全交付給「坐」這件事。

只管打坐

不是為了追求開悟才坐禪，而是體會坐禪的姿態就是佛開悟的境界。

接受警策的方式

曹洞宗的坐禪是面對牆壁，因此警策會從背後打向右肩。至於其他接受警策的基本動作，像是頭向左傾，基本上和臨濟宗相同。

黃檗宗

念佛禪

念佛禪承襲臨濟宗的看話禪為基礎，將公案融入念佛修行（稱為念佛公案），形成念佛與坐禪並重的特色。

公案

禪宗用於問答的題材，稱為「公案」，主要分為兩種類型。臨濟宗是古則公案，而曹洞宗的開山祖師道元則特別重視現成公案。

古則公案

記載古代禪師是在什麼樣的狀況或契機下開悟的事蹟，其中重要的案例被彙編成公案集。

臨濟宗：《碧巖錄》、《無門關》
曹洞宗：《從容錄》等。

現成公案

取材於日常生活中發生的事件。

※ 警策在臨濟宗的日文發音為「けいさく（KEISAKU）」，曹洞宗則是「きょうさく（KYOUSAKU）」

正確的坐禪入門

坐禪是禪修的基礎，在家也能輕鬆練習。藉由靜坐和調整身體，心靈自然也會跟著安定下來。

坐禪的要領

1. 調身：調整姿勢

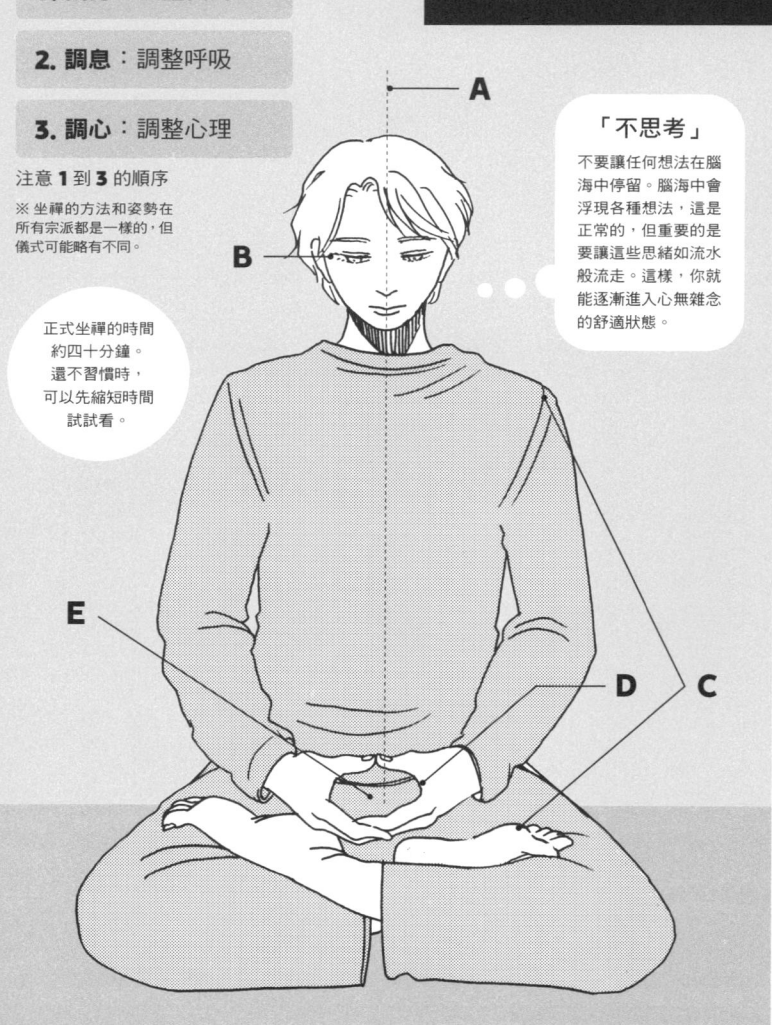

2. 調息：調整呼吸

3. 調心：調整心理

注意 **1** 到 **3** 的順序

※ 坐禪的方法和姿勢在所有宗派都是一樣的，但儀式可能略有不同。

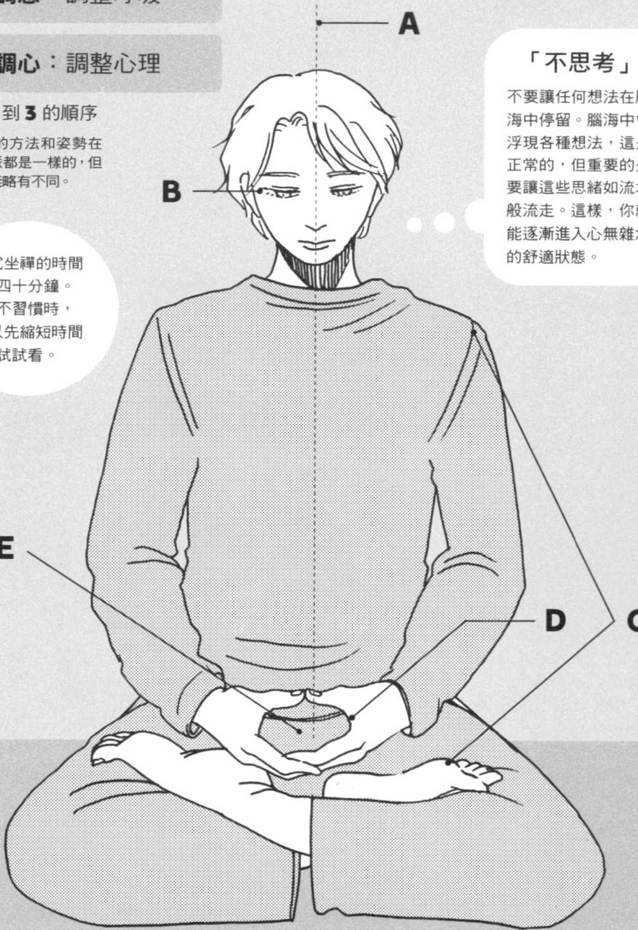

正式坐禪的時間約四十分鐘。還不習慣時，可以先縮短時間試試看。

「不思考」

不要讓任何想法在腦海中停留。腦海中會浮現各種想法，這是正常的，但重要的是要讓這些思緒如流水般流走。這樣，你就能逐漸進入心無雜念的舒適狀態。

姿勢與坐法

A

意識到身體的軸心

將骨盆立起來，
感受從頭頂到尾骨
的這條身體軸線，
背部挺直。

B

**眼睛半閉，
視線落在地板上**

視線落在前方約
一公尺的地板上。
半睜著眼睛，
不要完全閉上眼睛。

C

腳放在另一側的大腿上

雙腿盤坐，
右腳置於左腿上，
左腳置於右腿上。
放鬆頸部和肩膀，
保持輕鬆的坐姿。

D

按照右手、左手的順序

右手掌心向上
疊放在左手掌心，
放在盤起的腿上，
兩手大拇指輕輕相觸，
結手印。

重點

**用臀部和雙膝
這三個點支撐身體。**

**即使腦海中浮現各種雜念，
也不要受影響，
不必試圖去消除這些想法，
以接受和放下的態度，
放任這些思緒自然消逝。**

呼吸

E

意識放在丹田

將意識集中在丹田（肚臍下方約七點五公分處）。先將氣息深深地、緩緩地吐盡，再從鼻子慢慢吸氣，在心中默默地數著呼吸。每一次呼吸都可以提高專注力，這也是一種調整呼吸的方法。

坐禪流程

1

合掌

一開始先坐下來，稍微張開手肘，手心相對，雙手合十。

2

盤腿

結跏趺坐（盤坐）時，右腳放在左大腿上，左腳放在右大腿上。坐在蒲團或坐墊上。

3

左右輕晃

輕輕地左右搖晃身體，找到平衡點，用臀部和雙膝三個點支撐身體，保持上半身挺直。

4

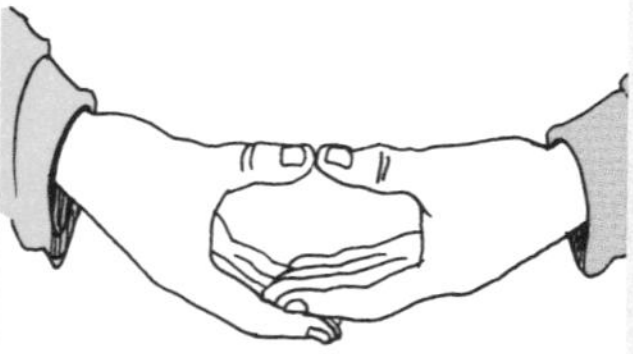

結手印

左手放在右手上，拇指輕輕接觸，其餘四根手指重疊，結手印。

5

調整呼吸

眼睛不要完全閉上，保持半睜的狀態。首先，深深地吐氣，用鼻子吸氣，用嘴巴吐氣，重複做幾次深呼吸。

6

心思放空

繼續用鼻子慢慢呼吸。即使浮現各種各樣的念頭，也任其流逝，不要讓雜念在腦海中停留。

在家坐禪時的注意重點

1

盡可能選擇不會受到干擾、能夠集中精神的場所，穿著舒適寬鬆的服裝。

2

在寺院裡使用正式蒲團，在家可以將坐墊對折使用。如果結跏趺坐有困難，可以單腳放在大腿上的半跏趺坐。

3

尋找身體的軸心，像鐘擺一樣搖晃上半身，找到穩定的位置後，穩穩地坐著。

4

雙手交疊，輕鬆擺放在下腹部。

5

視線向下，眼睛半睜半閉。重視吐氣。呼吸順其自然，但也可以採用從一數到十的「數息觀」呼吸法（吸滿氣，吐氣時數「一」直到吐完氣，接著吸滿氣，吐氣數「二」吐氣，數到「十」為一個循環）。

6

正確坐好後，身體先調和，心靈也會跟著調和。

修行體驗

現在有愈來愈多禪寺提供讓一般人輕鬆體驗修行僧生活的機會。禪宗主張「禪即行動」，請務必親自參與看看吧！

※ 修行道場根據位置和宗派不同，刊載事項和流程可能有所差異。P.66 ～ 70 是以曹洞宗為例進行解說。

1

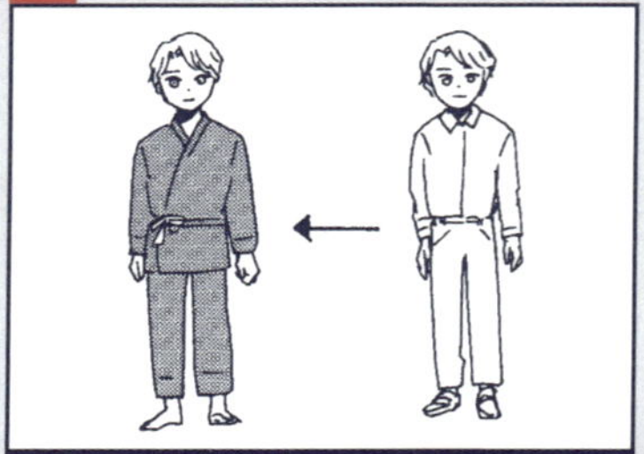

更衣

完成櫃台手續和問候，換上工作服和褲子。整理好儀容是修行的首要前提。

2

坐禪指導、修行的說明

先聽取關於坐禪的注意事項、正確的坐姿以及修行流程等的說明。

3

移動

由於坐禪是在坐禪堂進行，因此需要移動。站立和行走時，將左手拇指握在掌心，右手覆蓋在左手上，將雙手合十（叉手）放在胸前。

4

坐禪

注意調整身體、呼吸和心態，靜靜地坐下來。如果要長時間坐禪，中途會進行在堂內或走廊行走的「經行」。基本上，一次坐禪的時間約為四十分鐘。

5

藥石

享用精進料理。禪宗將晚餐稱為「藥石」，原本是修行僧為了完成修行而服用的「藥」。

6

讀經

大家一起發自丹田，誦念般若心經等經文。禪宗認為「經文是用耳朵讀的」，因此要與其他人齊聲誦念。

7

開枕

快速洗完澡後就寢。晚上九點大家一起上床睡覺。在僧堂裡，修行僧會分配到一個稱為「單」的榻榻米空間。就寢前會進行夜坐（夜間坐禪）。

8

振鈴

雲水（修行僧）會一邊搖鈴一邊跑過走廊，叫醒大家起床。時間通常在凌晨三點三十分到四點三十分之間。

9

起床

在禪寺裡，一天的時間安排都嚴格規定好了，絕對要依鐘聲照表操課。依規定的時間起床，並迅速完成梳洗打扮。

10

坐禪

透過清晨的第一場坐禪（曉天坐禪），調整身心狀態。專注於呼吸，穩穩地坐著。

11

早課

早課是指在開山堂或本堂等處舉行的早晨儀式。所有人在莊嚴肅穆的氛圍下一起誦經。

12

小食

禪宗將早餐稱為「小食」。細細品嚐粥、醬菜等精進料理。

13 掃除

進行擦拭走廊等地板、清潔坐禪堂的窗戶、清掃庭院、除草等工作。禪宗有**「一掃除、二信心」**的說法，意指清掃比信仰更重要，是修行中的一項重要功課。進行清掃並非因為髒汙，而是每日重複仔細地進行清掃這件事本身就是一種修行。

地板要擦拭到像鏡子一樣閃閃發亮，也要留意窗框、房間角落等容易積灰塵的地方，仔細擦拭到沒有一絲灰塵。使用掃帚時，將刷毛豎起，不放過任何細小的垃圾，仔細清掃乾淨。

14 抄經

一字一句、正確無誤地抄寫經文。重點不是字寫得漂亮與否，更重要的是專注而虔誠地抄寫佛陀的教誨。

15 坐禪

再次靜靜地、穩穩地坐下來。在修行體驗期間，透過反覆多次坐禪，會比一開始更加習慣，注意力也能更加集中。

16 道別、解散

最理想的狀況是，修行體驗成為契機，調整日常生活。最後，大家互相好好地道別後解散。

在禪宗裡，不僅坐禪和讀經是修行，舉凡行走、沐浴、梳洗等日常生活的一切都是修行。原本，修行僧在走廊上行走都快速無聲，早晨洗臉和更衣也都很迅速，吃飯時也依照信號，以規定的方式靜靜地吃飯。可以說，不浪費任何一分一秒。

修行道場的宗派、地點、規模等因素會影響修行的流程和時間安排，坐禪方式和精進料理的內容也各有特色。建議初學者不妨先到定期舉辦坐禪會、抄經體驗等活動的道場，體驗修行生活，然後再嘗試在家中，一點一點地實踐在禪寺體驗到的規律生活。

禪寺常使用的工具

警策

「警策」是「警覺策勵」的簡稱，是坐禪時為了激勵修行僧精進用來擊打肩膀或背部的棒子。臨濟宗從前方擊打，曹洞宗則從後方擊打右肩。

香爐與線香

坐禪時間以香爐中線香的燃燒時間來計算，一次約為四十分鐘左右。

唄器（法器）

在坐禪、藥石（晚餐）、起床等時間敲響聲音信號，聽到信號後要迅速行動。除了鐘之外，還有拍子木（左圖）和引磬（右圖）等法器。

蒲團

曹洞宗在坐禪時使用圓形的蒲團（左圖）。臨濟宗則會在方形蒲團下方鋪上坐墊（右圖）使用。

禪修及飲食

在禪寺裡，製作餐點和用餐都是修行。要將食材的美味發揮到極致，並懷著為用餐者著想的心，誠心誠意、不辭辛勞地製作餐點。

※ 圖片為提供給參禪者用餐的示意圖。實際上修行僧的餐點會更為簡樸。

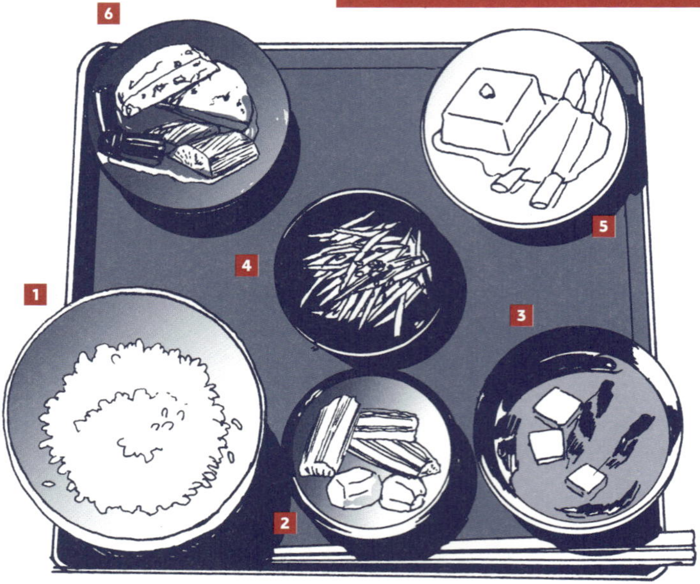

精進料理不使用肉、魚等動物性食材，而是以蔬菜、昆布、香菇等熬製高湯，盡可能引出食材的原味。不浪費食材也是修行的一環。精進料理使用當季的蔬菜、野菜、海藻、豆類等食材精心烹製而成，富高蛋白而低卡路里，且菜色豐富、味道鮮美，易於消化。

基本的菜單內容（三菜一湯）

1	飯碗	白米、粥、麥飯
2	醬菜碟	醬菜
3	湯碗	味噌湯
4	小碟	炒物
5	深碟	涼拌菜或和式沙拉
6	淺盤	根菜類燉煮料理

精進料理的重點

不使用動物性食材。

避免使用味道強烈或刺激性的蔬菜。
（如大蒜、蔥、韭菜、洋蔥、薤等）。

典座三心

喜心	對食材及受惠於大自然的感恩，以及能為他人烹飪的喜悅。
老心	設身處地為用餐者著想，用愛心仔細烹調。
大心	以佛陀般寬大仁慈的心，為對方著想，用心製作。

食存五觀

一、計功多少，量彼來處。
→想想食物得來不易，感謝眾人共同辛勞的結果。

二、忖己德行，全缺應供。
→反躬自省，是否足以接受此食。

三、防心離過，貪等為宗。
→端正心念，去除貪念等惡習。

四、正事良藥，為療形枯。
→視飲食為良藥，滋養身心。

五、為成道故，方受此食。
→為成就佛道，必須借助身體修行而接受此食。

精進料理的基本理念源自於道元禪師在中國時，聽聞一位老僧講述關於飲食的修行後深受感動，進而著述的《典座教訓・赴粥飯法》。

典座（負責膳食的僧侶）在烹飪時，「喜心」（懷著款待和感恩的心情）、「老心」（設身處地為對方著想，用心烹飪）、「大心」（以佛陀般寬廣的心胸，專注地製作餐點）的三種心態非常重要。在禪寺的職責分配中，典座是格外重要的職位。此外，禪寺的用餐也有著一定的規矩，會先誦念「食存五觀」等經文後再開始用餐。

DARUMA'S POINT
達摩教誨

01

調節好身體，心理也能同時得到調節。

02

整理思緒的最佳時機是「放空」的坐禪時間。

03

擁有不受擔憂、不安等「虛無縹緲的事物」所束縛的心。

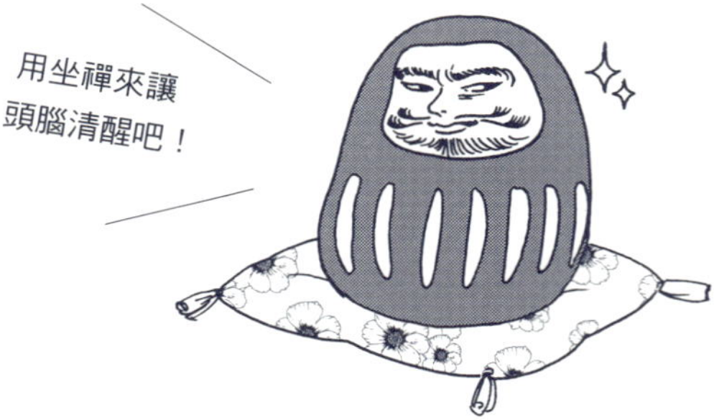

第三章

與禪語的相會

～學習禪語的教誨～

透過修行體驗，前輩木崎冬美也開始對禪感到興趣。

達摩更加得意忘形，開始用禪語對所有人進行說教？！

啊──被雨淋得濕溚溚的……
唉
這星期格外打不起精神~
同期進公司的同事先結婚了，我和男友吵架……
打擊
或許是因為我讓他覺得很有壓力
哎呀！怎麼回事！
嘩啦啦啦
是誰呀？窗戶打開都不關的！
パタン
篠原小姐，請過來一下。
好~
擦拭擦拭

……
真是的，守屋先生超愛使喚人……
反正我不像木崎小姐那麼能幹，又不是美女。
咦？
這不是我剛剛幫達摩擦水的手帕，
還有……一封信？

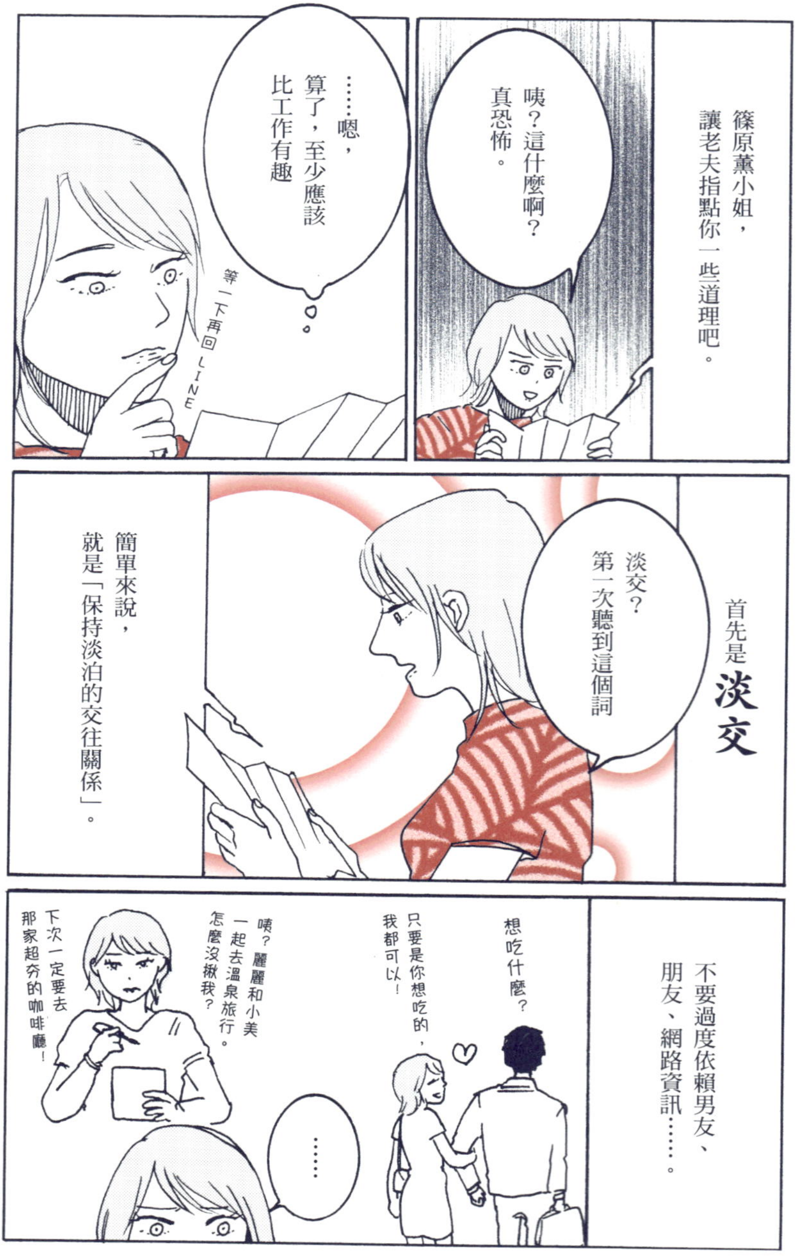
篠原薰小姐，讓老夫指點你一些道理吧。
咦？這什麼啊？真恐怖。
……嗯，算了，至少應該比工作有趣
等一下再回LINE
首先是淡交
淡交？第一次聽到這個詞
簡單來說，就是「保持淡泊的交往關係」。
不要過度依賴男友、朋友、網路資訊……。
想吃什麼？
只要是你想吃的，我都可以！
咦？麗麗和小美一起去溫泉旅行。怎麼沒揪我？
下次一定要去那家超夯的咖啡廳！
……

關你屁事！
怎麼了？
不，有點……
你最近很少邊工作邊吃飯了呢。
嗯。因為我覺得吃飯時專心吃飯，更能享受「吃」的樂趣。
啊……
我就算吃午餐，也還是會一邊看ＩＧ
其次是
明珠在掌
又是沒聽過的詞。

這句禪語要送給
總是對於別人擁有的事物
感到羨慕的人……
嗚
一箭穿心……
例如朋友結婚、別人的美貌、
男友的條件等。
不用和別人比較，你本來
就擁有善解人意的優點，
真的嗎？
你體貼的心，就是你手中
握有的珍珠，「明珠在掌」
就是這樣的涵義。
但我總忍不住
和別人比較。
我很任性，又不討喜，
也沒有出眾的才華。
最後一句是
天上天下唯我獨尊

啊，這句我好像在哪裡聽過！
這句禪語經常被誤解為「自我中心」，但原本的意思是，雖然每個人都不同，但同樣值得尊重。
這還用得著你廢話嗎？我早就知道了！
坐立不安
真是的，如果是其他部門的帥哥來信有多好。
?
好像很煩躁的樣子……
啊！糟了，要回LINE才行！
13:15
……算了，不必急著回也沒關係吧……

所以說啊！
我今天也會工作到很晚耶。
星期天要去補習班面談？現在哪知道能不能去啊。
只能到最後一刻再看看了。嗯，就這樣囉。
呼……
胃好痛……
老婆打來的？
守屋先生真冷淡呢。
我如果是你，應該更游刃有餘吧！
唉，
時代不一樣，待遇也不同了，好不好？

啊，這裡……
煩躁
喂！高橋！
起身
是！
為什麼這裡要這樣寫啊？
……
因為還沒決定啊……
就算還沒決定，至少要寫個預計什麼時候決定吧。
可是，那是因為您一直沒決定啊……
怪我囉？！真是的……
手機震動聲
……
老家
042-×××-××××
接聽
拒接

您有電話。
總之，你把這個改一改！
……
那，我會再跟你聯絡。
呼……
老媽住院……
手術日期和醫療費要怎麼辦？
好痛……咦？怎麼有這個？
胃藥和一封信……
啊，
說不定你會對裡面寫的內容感興趣喔！
雖然胃藥是我準備的……
解釋起來太麻煩，所以不說了。

您辛苦了～
篠原嗎？不，她不可能使用寫信這麼老套的方式……
為了你好，讓我教你兩句能派上用場的禪語！
什麼啊！這麼狂妄。
只需花五分鐘。
五分鐘的話，就看一下好了……
禪語？指的是之前去修行的那個「禪」嗎？
第一句是
壺中日月長
這是中文？古文？

家庭
工作
健康
金錢
別過來！
你似乎整天都匆匆忙忙，心不得閒。
別被時間追著跑啊！改變心態，就能讓你無論在職場或家庭都能平靜度過。
金錢
健康
工作
家庭
什麼嘛……
這根本都是紙上談兵……
另一句是「無常迅速」。
你似乎有習慣拖延的毛病……
咦？

拖延，就等於是在浪費別人的時間。
嗚
的確沒錯
每個人的時間有限，家人也好，討厭的人也好，擁有的時間都相同。
啊，我似乎有點明白老婆的心情了……
什麼時候才會知道？你要立刻告訴我唷！
唉……
我一直都拖拖拉拉的……
打電話說今天早點回家……
老媽的事也得談一談才行
唉
喂，是我啦
話說回來，這封信到底誰寫的……

什麼是禪語？

了解禪深奧世界觀的詞語

蘊含禪宗教誨的獨特詞彙

禪語，是由禪宗僧侶所說的話語，並記載於禪宗經典、禪僧軼事等文獻中。禪語將開悟的境界、達到開悟的心態，以及禪宗思想和獨特的世界觀，濃縮在簡短的詞句裡。

由於禪宗在日本文化中根深蒂固，許多禪語自古以來就為日本人所熟悉。例如「主人公」、「一期一會」等現代也經常使用的詞彙，其根源就來自禪語。近年來，禪宗思想更被廣泛應用於商業、體育等各個領域。即使不是修行僧侶，人們也將禪語視為日常生活中的箴言，或是當徬徨、遇到瓶頸時的人生指南，從禪語中尋求讓當下生活更美好的啟示。因此，淺顯易懂的禪語，除了能簡潔地闡述本質性的思考方式，也成為許多人入門禪宗的途徑。

以下將透過漫畫，為您詳細介紹禪語。

淡交

P.78

這句禪語源自中國戰國時代思想家莊子的名言：「君子之交淡如水」。意思是說，品德高尚的人交往如同水一般清澈，教導我們與人相處應保持適度的距離。

在這個社群媒體發達的時代，我們可以輕易地看到他人的工作、興趣，甚至伴侶和假日休閒的方式。朋友或戀人現在正在做什麼、心情如何、週末有什麼計畫，以致我們很容易過度關注他人，就像漫畫中的篠原，手機不離身。然而，過度在意他人，有時反而會忽略自己的真實感受和想做的事情。即使是親密的關係，也要保持不黏膩、不過度干涉的適當距離，才是長久相處之道。

明珠在掌

P.79

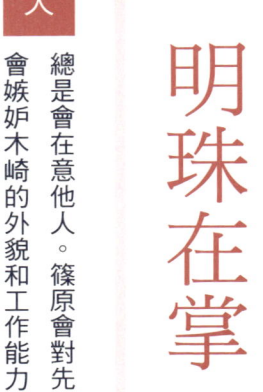

人

總是會在意他人。篠原會對先一步結婚的同期感到煩躁，也會嫉妒木崎的外貌和工作能力，不斷與他人比較，因而陷入沮喪。她總是緊握著手機，隨時查看社群媒體，即使在工作中也會忍不住想著與男友吵架的事。由於缺乏自信，她才會過度關注他人。

然而，篠原並沒有意識到自己也有許多優點。例如，她會立刻擦乾被雨淋濕的達摩和桌子，也會默默地將胃藥放在同事的桌上，這些都是她體貼細心的表現。

「明珠在掌」指的是明亮耀眼的寶石就在手中。比喻我們已經擁有如寶石般珍貴的東西，也就是要提醒我們，覺察自身獨一無二的魅力。

唉
這星期格外打不起精神～
或許是因為我讓他覺得很有壓力
打擊
同期進公司的同事先結婚了，我和男友吵架……

天上天下唯我獨尊

P.80

據說這是釋迦牟尼佛誕生時所說的話語。「天上天下」指的是廣闊的宇宙，「唯我」指的是我們每一個人，「獨尊」指的是每一個尊貴的生命。這句禪語經常被誤解為自我中心主義或自以為是、目中無人的意思，其實原本的意思是指，「在這浩瀚宇宙中，我們每個人都擁有寶貴的生命，並且為了完成獨一無二的神聖使命而誕生」。

來到這個世界上的我們，每個人都是尊貴的存在，不需要成為像誰一樣的人。篠原雖然正處於迷惘中，但她不必執著於和朋友一樣的結婚時機，也不必在意與他人不同的工作步調，更不需要為了討好他人而過度關注他人。因為，每個人都擁有獨一無二的魅力、角色，以及與眾不同的能力。

壺中日月長

P.85

在中國後漢時代，有一位賣藥的老人。每天傍晚打烊後，他都會縱身躍入店門口的一個壺中。一位官員偶然目睹了這一幕，便央求老人帶他一起進入壺中。沒想到，壺中竟是一座有著美麗宮殿和庭園的世外桃源。官員在那裡盡情享受款待，回到現實世界後，才發現原本以為只過了幾天，實際上已經過了十年。

這個如同浦島太郎般的故事，就是「壺中日月長」的由來。「壺中」比喻開悟的境界，「日月長」則象徵時間緩緩流逝的寧靜狀態。我們不應如同漫畫中的守屋，逃避忙碌，也不應被忙碌束縛。仔細審視自身狀況，安排事情的優先順序，並逐一處理，就能擺脫時間的追趕，創造屬於自己的「壺中天地」。讓我們充分利用每一天的二十四小時吧！

無常迅速

禪

寺中用來告知行事和時間的「板木」（敲擊的木板），上面寫著「生死事大，無常迅速，各宜醒覺，慎勿放逸」這句禪語。意思是說，每個人終究無法逃離生死，時間稍縱即逝，不會等待任何人，因此我們不能浪費一分一秒。

守屋每天忙於家庭和工作，總是藉口沒有時間，一再延宕應決定的事項。然而，無論是等待他聯絡的家人，還是等待他指示如何書寫公文的高橋，都和守屋一樣，人生寶貴的時間一分一秒地流逝。

我們每天都在向死亡邁進，時間一去不復返。因此我們應把握當下，全力以赴。

星期天要去補習班面談？現在哪知道能不能去啊。

P.86

田渕先生，麻煩您在這裡蓋章！
好啦好啦
謝謝。
對了，明天的委員會麻煩你出席。
好的好的。
蓋章、吃飯，都是一些無聊到極點的對話……
呼……
想當年我也是叱咤風雲的業務啊！
現在這樣，跟坐在窗邊的達摩有什麼兩樣……

瞄……
打字聲
年輕人真的是什麼都用電子郵件解決呢。
打字聲
打字速度真快……
田渕前輩，辛苦了。
高橋老弟，
中午要不要一起吃個飯？
啊
抱歉，我今天有點忙……
是嗎？
一般人哪會拒絕這種邀請……

去吃飯！
雖然還早……
什麼？田渕先生又不見人影？
真是的！我還有事要問他耶！
好飽！
我在等你蓋章！
零亂不堪！
好啦好啦……我這就蓋章。
咦？
這是什麼？
這應該不是公文吧？
閣下有何資格跟達摩相提並論！
什麼？

我好像聽見誰在自言自語？
不過，辦公室裡沒人會說什麼「閣下」……
有關閣下的工作，我有幾句話想告訴你。
什麼嘛，反正不過是蓋蓋章。我就聽聽你有什麼高見。
首先，是「放下著」。
也就放下過去的榮耀，捨棄既有的成就。
什麼嘛！
如果連那些都丟掉了！我豈不是真的一無所有了。
全部拋開後，你就能看見現在對你真正重要的事情。
蓋章、蓋章
嗯，比方說？

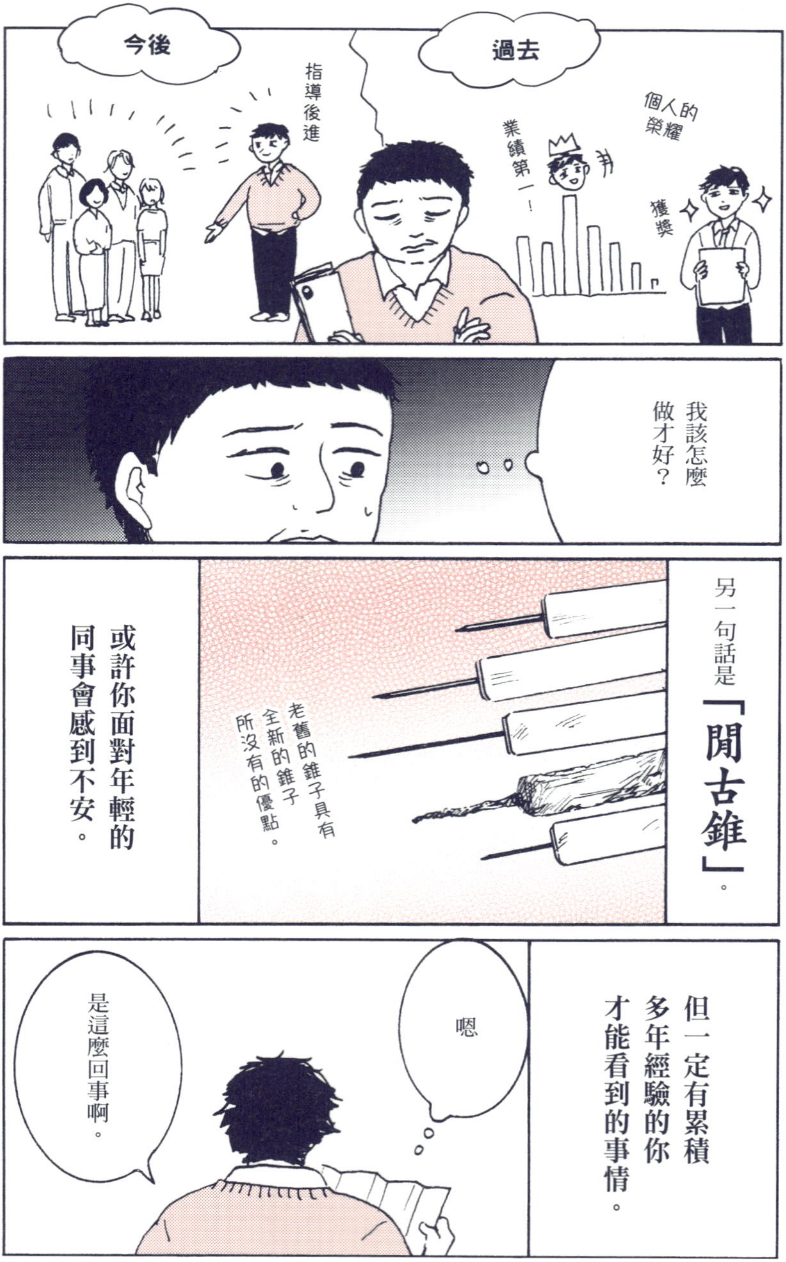
過去
個人的榮耀
業績第一！
獲獎
今後
指導後進
我該怎麼做才好？
另一句話是「閒古錐」。
老舊的錐子具有全新的錐子所沒有的優點。
或許你面對年輕的同事會感到不安。
但一定有累積多年經驗的你才能看到的事情。
嗯
是這麼回事啊。

那我可能比達摩更有用一些吧？
哈哈哈
喝！
咦？
剛剛有人說了什麼嗎？
咦？沒有啊。沒人說話。
「喝」也是我為了一鼓作氣而說的禪語！
你先不要說話。

嚇我一跳。田渕前輩聽得到達摩的聲音耶。
辦公室一角
其他人也能聽見嗎？
……
我也該回座位重新寫公文才行。
守屋前輩要我做的那份。
不過啊～那個人，自己家裡似乎也有很多狀況，很辛苦吧，但他完全不幫我，說話又很嚴厲，文件如果可以早點決定的話……篠原小姐也馬上就下班了，田渕前輩也要回家了，他們真的有心工作嗎……下次的簡報可是後天耶！
滿腹牢騷
怨天尤人
這種情況，換作是我也會抱怨。

有句禪語說「不思善不思惡」。
你是不是認為大家都要採取一致的行動才是正確的？
那當然啊。我們是一個團隊，何況是公司的工作……
沒有一件是順利的
你對「團隊」的想像，是不是太局限於你自己的價值觀了？
每個人本來就有不同的價值觀，沒有正確答案，這句禪語就是要告訴你這個道理。
全部共享資訊，和樂融融的團隊
哪一種團隊都行
各自行動，俐落完成工作的團隊

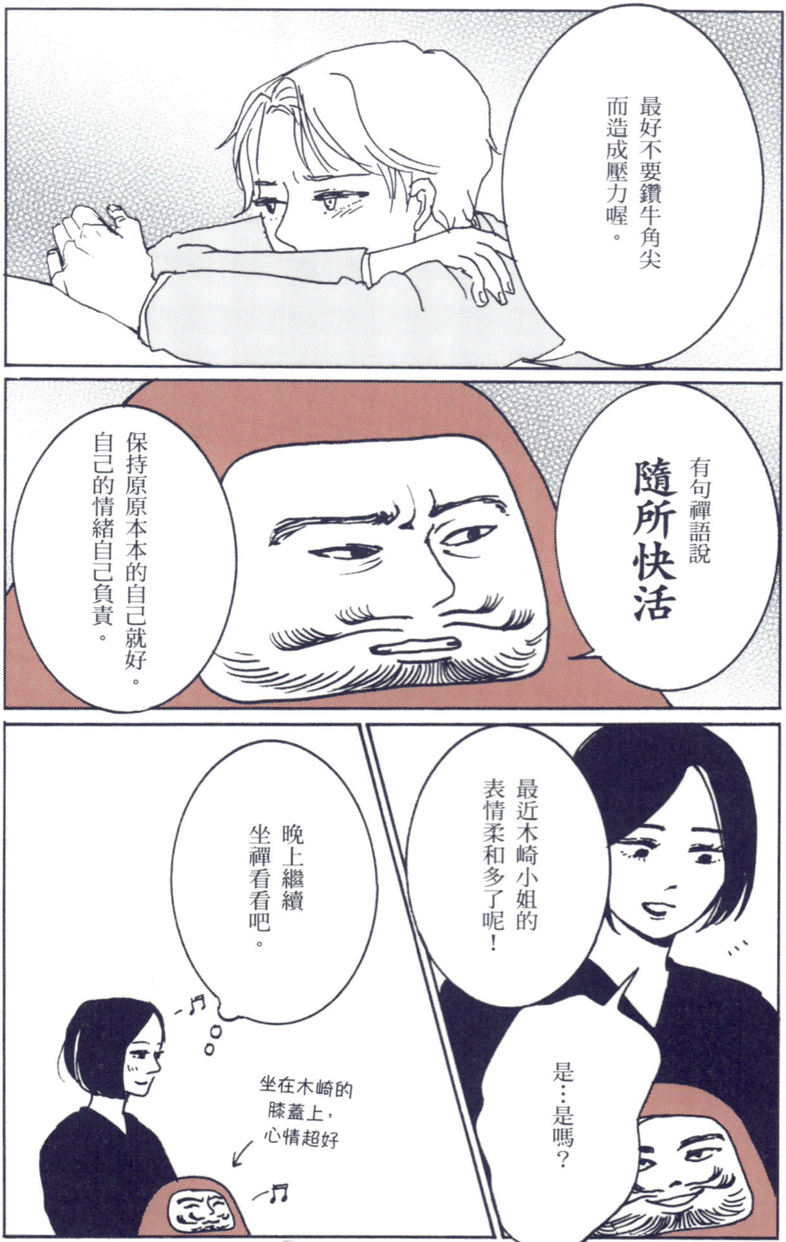
最好不要鑽牛角尖而造成壓力喔。
有句禪語說隨所快活
保持原原本本的自己就好。自己的情緒自己負責。
最近木崎小姐的表情柔和多了呢！
是⋯是嗎？
晚上繼續坐禪看看吧。
坐在木崎的膝蓋上，心情超好

閣下聽過
「一切眾生悉有佛性」
這句禪語嗎？
這對團隊而言非常重要。
在禪寺時學過
「諸法無我」
P.51
這也和那句禪語的道理相同。
在你眼中，大家或許都各自為政、散漫無章，
但其實每個人都有彼此互補、值得學習的地方。
工作俐落快速的人
謹慎小心的人
重要的是，你要懂得引導和支持他們發揮所長。
擅長在眾人面侃侃而談的人

只要能引導得好，整個團隊成員就能建立起自信！
竊竊私語
……你看，真的在說話！
是AI嗎？
為什麼他們兩個可以若無其事？
唉……
呃，這個嘛
總覺得有點尷尬
該怎麼解釋才好？
看樣子，只要對禪產生興趣，就能聽見老夫的聲音！
看吧，他果然會說話！
有什麼問題儘管問我！

放下著

P.97

中國唐代時，曾有一位名叫嚴陽尊者的禪僧，他向師父趙州從諗禪師說：「經過修行，我終於達到一無所有、捨棄一切的境界。我已經沒有什麼可以捨棄了。」他的師父卻說：「連『已經捨棄一切』的想法，也要捨棄。」

對人來說，很難真正做到捨棄所有一切事物。就像漫畫中的田渕，我們很容易在工作上沈緬於過往的成就、巔峰時期的做法，或是曾經成功的經驗。然而，如果被這些事物束縛，執著於過去的自己，就會跟不上時代的腳步，迷失真正重要的事物。隨著年齡增長，我們更應該將這句禪語銘記在心。

閒古錐

P.98

老舊的錐子，比起新的錐子，尖端不夠鋒利，切削能力也變鈍，缺乏鋒芒。似乎不再是那麼好用的工具。然而，正因為經歷過長時間的使用，變得更加順手，尖端也磨圓了，所以在鑽孔時反而不容易造成意外傷害。

人也一樣。這句禪語指的是那些經驗豐富的老手，雖然不像年輕人那樣熟悉最新事物，但他們擁有不同於年輕人的觀點和視野。即使不了解最先進的事物，即使不再年輕，他們也經歷過許多苦難和挑戰，因此擁有圓融成熟的魅力和優勢。「閒」指的是沉熟穩重的氣質。就像田渕，與其自卑或是與年輕人競爭，不如發揮年長者的優勢，將豐富的知識和經驗傳承給下一代，這才是他們應肩負的角色。

另一句話是「閒古錐」。
老舊的錐子具有全新的錐子所沒有的優點。
或許你面對年輕的同事會感到不安。

不思善不思惡

P.101

這句禪語是指，不要去思考善或惡。也就是說，不要用二元對立的觀點去看待事物。禪宗告誡人們，不要用相對的標準來衡量事物，例如：正邪、自我與他人、損失或收益、喜歡或討厭等等。一旦選擇了對立的其中一方，你的心就會因此受到束縛，難以跳脫框架，也難以產生柔軟的思考方式。

高橋身為專案負責人，認為團隊就應該要齊心協力、團結一致，並且按照他認為好的方式行動，才是正確的做法。但事實上，並沒有所謂絕對「正確」的做法。如果用善惡的概念來要求團隊，就可能會忽略每個成員的優點，也可能會迷失團隊的真正目的。這句禪語是要勸人放棄二元論的思考方式。

隨所快活

P.102

這句禪語告訴我們，無論何時何地，都要保持自然的狀態。禪宗重視「如實」的態度，例如在人際關係中，不虛張聲勢、不刻意討好，不做作，不做與平常不同的行為。另外，與人相處時，不戴著有色眼鏡，不去妄自評價對方，也不帶著先入為主的觀念。如此，才能建立良好的人際關係。

木崎工作認真，但總是習慣以自己的標準評判他人，不自覺地低估別人，導致容易感到煩躁。然而，在修行體驗和坐禪之後，她的心境變得更加平和，逐漸找回自然的自己，也改變了對高橋和篠原的看法。

不偽裝、不修飾，以自然的樣貌生活，與周遭的關係也會隨之改變。

一切眾生悉有佛性

這句禪語的意思是，所有生命都具有佛性。「佛性」指的是成佛的可能性，也就是說，每個人都有機會達到開悟的境界。一般來說，人們在日常生活中，往往遠離真理，無法完全放下煩惱和執著，很難達到開悟。然而，釋迦牟尼佛仍然教導我們，每個人都天生具有佛性。

除了自己，其他人同樣具有佛性，每個人都有無限潛力，任何人都很重要。尤其是像高橋這樣的領導者，更應該放下成見，用心看待每位團隊成員，發掘他們的優點和長處，引導他們發揮潛力。

P.103

原來信就是你的「傑作」啊！
淨寫些難懂的禪語！
會嗎？我倒覺得挺有意思，
請你多講一些其他的禪語。
確實有一些事被說中了……
還有其他禪語吧？
好！那麼，我接下來就跟你們講講「十牛圖」吧？
「十牛圖」？
就是用十張圖輕鬆了解什麼是「禪」。

DARUMA'S POINT

達摩教誨

01

「禪語」是將禪宗的教誨凝縮而成的詞句。

02

透過禪語，可以重新審視自己。

03

禪語能陪伴我們度過煩惱和迷惘，並為我們提供讓人生更美好的啟示。

第四章

十牛圖的啟示

～重新審視人生～

在獲得禪語的啟發後，

團隊成員開始意識到自我。

於是，達摩向他們解說描繪開悟過程的「十牛圖」。

原來信就是你的「傑作」啊！
淨寫些難懂的禪語！
會嗎？我倒覺得挺有意思，
請你多講一些其他的禪語。
確實有一些事被說中了……
還有其他禪語吧？
好！那麼，我接下來就跟你們講講「十牛圖」吧？
「十牛圖」？
就是用十張圖輕鬆了解什麼是「禪」。

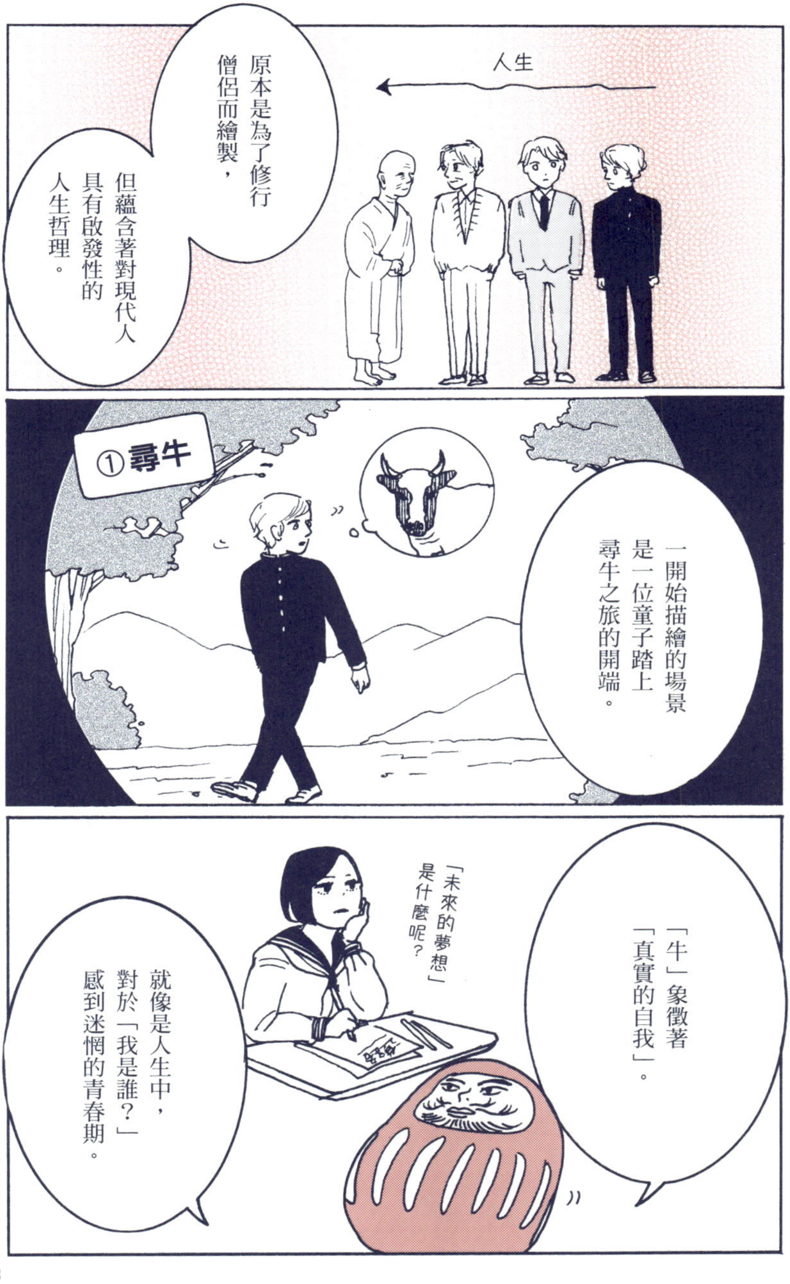
人生
原本是為了修行僧侶而繪製，
但蘊含著對現代人具有啟發性的人生哲理。
①尋牛
一開始描繪的場景是一位童子踏上尋牛之旅的開端。
「牛」象徵著「真實的自我」。
「未來的夢想」是什麼呢？
就像是人生中，對於「我是誰？」感到迷惘的青春期。

②見跡
童子發現了牛的足跡。
象徵找到通往「真實的自我」的線索與提示。
有種隱約決定了前進方向的感覺……？
擅長畫畫
對法律感興趣
是啊，
就像十幾歲後半，經驗尚淺卻相信無限可能的時期。
③見牛
!!
接下來沿著足跡前進，只能看到牛的背影。

以人生來比喻的話……大概是二十歲出頭的時候，會稍微開始有點了解自己了吧？
瞄……
騙人，其實根本什麼都不懂……？！
能有這樣的自覺，也算是一種了解自己……
嗚……一點也不覺得高興……
接著是牛隻狂奔難以捉摸的場景。
④得牛
這讓人聯想到與「自我內心」的搏鬥。
說不定現在的我就像這樣……
嗯……
或許B或C比較好
B
C
A
出了社會，即使是自認經過深思熟慮後選擇的道路，還是會徬徨躊躇。
這正表現出內心的迷惘與執著。

⑤牧牛
接著是成功馴服牛隻的場景。
大約是三十歲過後，漸漸確立道路方向的時候。
嗯……
然而，我們不能在此時因而安心，就停止思考。
一旦停止思考，就會回到原點。
停止思考……
⑥騎牛歸家
這是騎在牛背上，吹著笛子回家的圖畫。
似乎很開心。

人生到了四十歲左右，就會開始對目前的生活方式感到滿足，並且充滿自信。
那邊山很漂亮！
這座山很高！
也會注意到一些以往從未察覺的事情。
⑦忘牛存人
接下來是忘卻帶來的那頭牛的場景。
從所有的執著中解脫出來。
喔……
達到開悟境界，過著平淡而穩定的日子。
發自內心底覺得現在很幸福的時期。
是啊，原來如此……
哈哈哈……
要是能有那樣的心情就好了。

⑧人牛俱忘
這裡只有一片空白。
是無的世界。
連悟道的事情都全部忘記，
名譽
名聲
甚至連自己是誰都忘記了。
權力
地位
⑨返本還源
接下來，描繪的只有大自然的景色。
如同變幻無常的自然，人類也在不斷變化。這就是真理。

就算悟道也不會改變什麼。
就這樣保持自然地活下去吧。
保持自然……
⑩入廛垂手
這就是最後了。
啊咧，高橋先生？你變老了？
是老僧的模樣啊。回到世俗世界，將教誨傳授給人們。
不是高高在上，而是完全平等。
在禪宗裡，直到將教誨傳授給人們，才算是修行圓滿。
禪寺的住持
原來如此……

慘了！我可能還處在第三個階段「見牛」！
高橋是最初的「尋牛」，所以別擔心。
哈哈哈哈哈哈
大家都很投入呢！
你啊，現在有練習坐禪嗎？姿勢也很棒呢。
實踐禪修之後，感覺如何？
……這個嘛。
回想一下最近的自己……

嗚，又是守屋先生寄來的嚴厲回信……
……不，不是那樣的。
嗯
想要做得更好這點並沒有改變，所以，
是不是要想一想改變說法？
雖然很累，但還是今天完成比較好。
先花二十分鐘製作資料 ← 休息 ← 掃描檔案、回信 ← 照人數影印
就決定好時間，俐落地把它完成吧。
嗶嗶嗶
嗶嗶嗶
好，先休息片刻！
呼～

因為沒辦法在地板上坐禪，所以在椅子上坐禪來轉換心情……
我知道跟別人相比，工作速度並不快，
嗚~
而且一著急就會白忙一場。
因此，要盡量避免疏漏，仔細地完成工作。
●X公司
簡報資料
企畫會議資料

嗯，雖然沒有劇烈的變化，但想法稍微改變了一些。
今天的十牛圖也讓我學到很多，
雖然不知道理想中的自己是什麼樣子，但我想從現在可以做到的事情開始做起。

重要的簡報還有幾天就到了……
明天的會議必須把內容敲定。
為了保險起見，我準備了不同方案的資料。
這個要交給篠原小姐，這裡就拜託木崎小姐吧。然後要向田渕前輩詢問這個……
喃喃自語……
咔嗒
咔嗒
資料
隔天
啪
等等，可是這麼做，預算上可行嗎？

那麼，這個方案如何呢？
我修改了設計，把成本降低。
新方案也做好了啊。
試算表要重做了呢。
二十日以前可以嗎？
這樣的話可以做到。
那麼，由我來安排時程。
好的，我來做估價單。
麻煩你了。我會仔細檢查細節，在二十二日以前整理好。
啊，等等……

那家公司經常要求在前一天交資料，所以必須提前一天完成。
還有，這裡的數字錯了。
田渕前輩竟然在會議中給建議……
我確認一下！
啊，那麼就把時程往前挪一天吧。
高橋比以前冷靜多了？
這是件好事。
要我做估價單啊……
會議進行得很緊湊，都沒時間回LINE了。

啊
開完會←早點回家←和男友碰面←立刻聯絡
啊
他說忙著開會……
回家後再傳LINE跟他說聲辛苦了。
那麼，就請各位按照期限各自進行吧。
各位，拜託了！
大家辛苦了~
大家愈來愈可靠了呢。

什麼是十牛圖？

闡述修行與悟道境界的十個故事

依序描繪通往開悟步驟的「禪宗入門書」

「十牛圖」由十幅圖畫組成，據說是在九世紀後半的中國宋代，為了修行僧繪製而成。

十牛圖有多個不同版本，日本以室町時代之後，臨濟宗楊岐派的禪僧廓庵志遠禪師所繪製的版本最為有名。廓庵禪師和弟子慈遠禪師為這十幅畫作添加漢文「序」和漢詩「頌」作為解說，並廣為流傳。

十牛圖描繪的主題是童子和牛。童子可以理解為修行僧。在禪宗的世界裡，牛被比喻為「本來的自己」、「開悟」，也可以說是「真實的自我」。也就是說，每個人身處社會中容易迷失的、心中本來就擁有的純粹無垢的自己，也就是「佛性」。

十牛圖展開的是一個尋找牛的故事，這可以理解為將「我是誰」的「開悟之路」，分為十個步驟來闡述。這段故事也給予生活在現代的我們深刻的啟示，可以成為我們人生的指南針。

① 尋牛

「想要找到真正的自己」旅程的開始

從童子開始尋找牛的場景開始。牛代表「本來的自己」，也就是真實的自我，真正的心靈。許多人從青春期開始萌生自我意識，煩惱「我究竟是誰？」「就這樣下去可以嗎？」「我為何而生？」等等。儘管被各種妄想和煩惱所困擾，還是踏上尋找真正自我（牛）的旅程，也就是開始修行。

② 見跡

「或許能找到自己應走的道路」而懷抱希望

接著，童子在尋找牛的過程中，發現牛的足跡。這時只有足跡，還看不到牛的身影。但是，在為尋找牛而苦惱、掙扎的時候，能夠找到繼續前進的契機，感覺修行之旅還能繼續下去。禪宗思想認為，人們大概是十幾歲後期到二十歲左右，開始試圖從先人的修行、經典和公案中找到這個足跡，預知到自己的牛應當存在。

3 見牛

「稍微了解自己是誰」的階段

童子循著足跡前進，在樹蔭下發現牛的屁股。雖然看不到牛的完整樣貌，但確實知道牛就在那裡。二十歲出頭，正是開始根據至今的經驗和環境，現實地思考人生中想做什麼、實際上能做什麼的時候。雖然找到牛很開心，但另一方面，要捕捉到牛的整體，也就是直視現實，也令人感到畏怯。禪宗將這個階段比喻為：雖然修行之路還很漫長，但已隱約看到了開悟曙光。

4 得牛

「與迷惘、狂躁的牛」（自己的內心）抗爭

童子試圖捕捉找到的牛，但即使套住牛的脖子，牛依然狂奔躁動，難以馴服。雖然透過修行看到開悟的曙光，但不知為何無法順利捕捉到牛，也就是無法順利走向開悟。這裡可以解釋為自身的欲望、煩惱和執著，阻礙了童子。以人生來說，這是從學校畢業出社會，在工作和私人生活中，面對調職、結婚等岔路而迷惘，即使做出選擇，也會再次迷惘的時期。真正的內心無法完全釋懷，依然不安迷惘。

5 牧牛

「馴服牛隻」的充實感與恐懼

童子終於成功馴服了牛。禪宗思想將其比喻為開始理解修行意義，並認為只要繼續下去就能接近開悟的時期。十個故事也來到了一半，相當於人生三十歲左右，對未來的方向開始有了眉目。然而，馴服牛的這個階段，也最令人恐懼。因為這是從「我是誰」的煩惱（尋牛）和內心的迷惘（見跡）中解放出來，同時也陷入停止思考的恐懼。這是在告誡人們，如果停止思考，也就是疏於修行，因此會誤入歧途。

6 騎牛歸家

「與牛合而為一，返回家中」邁向開悟

這是童子騎在馴服的牛背上，吹著笛子回家的場景。童子和牛形同一體，也就是說，自己和真實的自我心意相通，達到開悟的境界。相當於人生四十歲左右的階段。內心過去的掙扎和迷惘消失，對工作充滿自信，在社會上也擔負起責任，私人生活中，也有了孩子和家庭等安身立命之所。在感到充實和滿足的同時，能以不同的角度和新的視角看待人生。

7 忘牛存人

「連開悟都忘卻」的開悟境界

回到歸宿的童子，過著悠閒的生活。既然已經開悟並平安返家，就可以忘記好不容易馴服的牛了。也就是說，連自己已開悟這件事都忘卻，才真正達到開悟的境界。這代表著，開悟到至今為止的掙扎、苦苦追尋的開悟，都只是心中虛幻的泡影，是修行的最後階段。也是安穩幸福的人生巔峰。

8 人牛俱忘

「捨棄一切」的無之世界

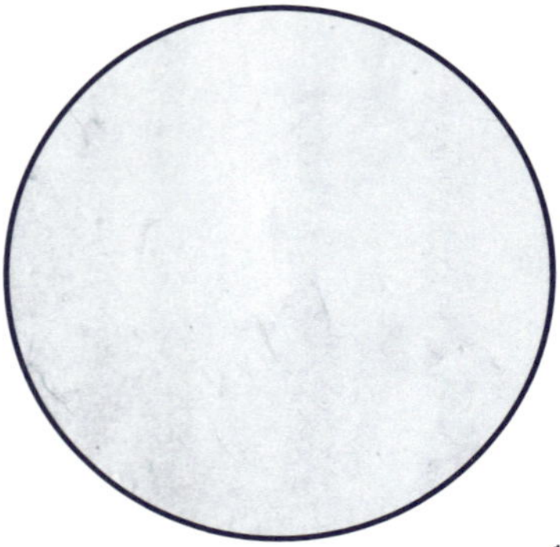

畫中不僅沒有童子和牛，甚至是沒有描繪任何東西的一片空白。人與牛都消逝無蹤，所有的迷惘、甚至是自己達到的開悟也都消失了，這是完全悟道的狀態。在禪宗中，也稱為以圓形來象徵真理、佛性、宇宙的一圓相（圓相圖）。這幅畫描繪的是絕對的「空」，也就是「無」的世界，可以解釋為將至今為止旅行中所追尋、所獲得的一切，都在這裡捨棄。人生也是如此。是時候捨棄功績、頭銜和所有獲得的一切了。

9 返本還源

「一切回歸自然」

畫中沒有童子也沒有牛，只有自然風景。自然一如原樣，隨著季節變換樣貌，但這不斷變化的本身，就是不變的真理。返本還源指的是「回歸本來樣貌，再次回到起點」。一路走來，經歷煩惱和修行，即使達到開悟，也不會改變什麼，最後還是要像自然一樣，回歸本真，自然地活下去。

10 入廛垂手

「最終回到世間，傳播教誨」

這是最後一幅畫。童子變成了僧侶的模樣（彌勒佛）。「廛」指的是人們居住的城鎮，「垂手」指的是教導人們。也就是說，來到世俗的城鎮中，向人們傳播禪宗的修行和教誨。而且，這位面帶慈祥笑容的僧侶，手裡拿著葫蘆（酒），彷彿在招手對人說：「來來來！」勸人喝酒。這可以解釋為，他不獨占悟道，也不生硬地說教，而是與市井小民保持相同視角，傳播禪宗。

DARUMA'S POINT
達摩教誨

01

「十牛圖」是用十幅圖畫來表現禪宗的開悟過程。

02

牛是「開悟」的象徵。重要的是即使「迷失本性」，也要持續前進。

03

藉由與自身的人生相互對照，將十牛圖作為重新審視現狀的契機。

第五章

日常生活中的實踐

～將禪融入日常生活～

給開始接觸禪宗的成員的建議是：
將禪融入日常生活。
如同達摩的期許，
大家的思想和行動都逐漸出現改變的跡象？

差不多到下班時間了……
今天也走一站路回家吧？
至今為止，我們談論的都是知識層面的東西，
但禪宗的精髓，其實在於行動。
就從日常生活中可以做到的事情開始實踐吧。
說不定已經有人開始行動了呢。
瞄……
…

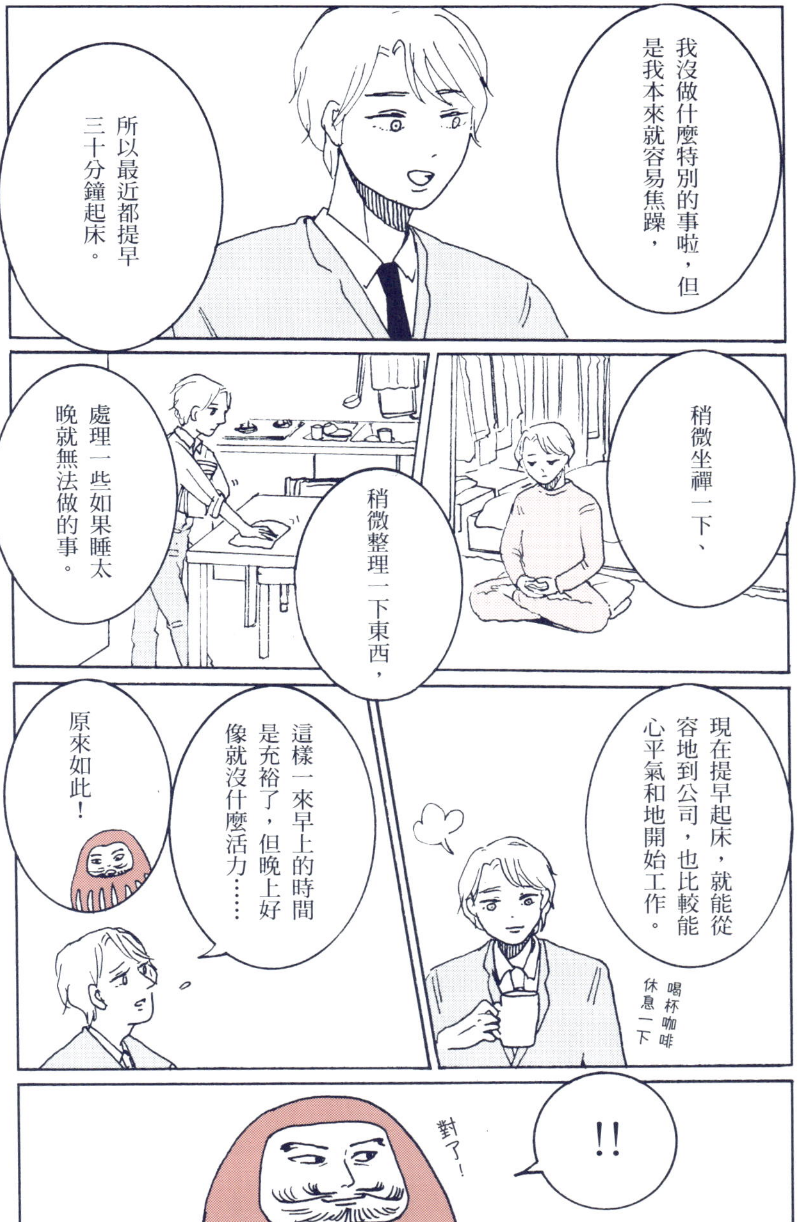
我沒做什麼特別的事啦，但是我本來就容易焦躁，
所以最近都提早三十分鐘起床。
稍微坐禪一下、
稍微整理一下東西，
處理一些如果睡太晚就無法做的事。
現在提早起床，就能從容地到公司，也比較能心平氣和地開始工作。
喝杯咖啡休息一下
這樣一來早上的時間是充裕了，但晚上好像就沒什麼活力……
原來如此！
!!
對了！

這種時候，不妨設置結界會比較好。
結界？
在公司到家的路線中，在三個點設置結界。
點……
嗯……
絕對會經過的地方……
首先是車站的剪票口？
嗶
決定只要通過這些點，就將反省和煩惱拋諸腦後，不要帶到明天。

……
唉
一不小心就會想工作的事呢……晚餐要吃什麼好呢……
沙沙
……
第二個點就設在這間寺院前面吧。
每通過一個點，就讓心情沉澱下來，保持平靜。
結界1
結界2

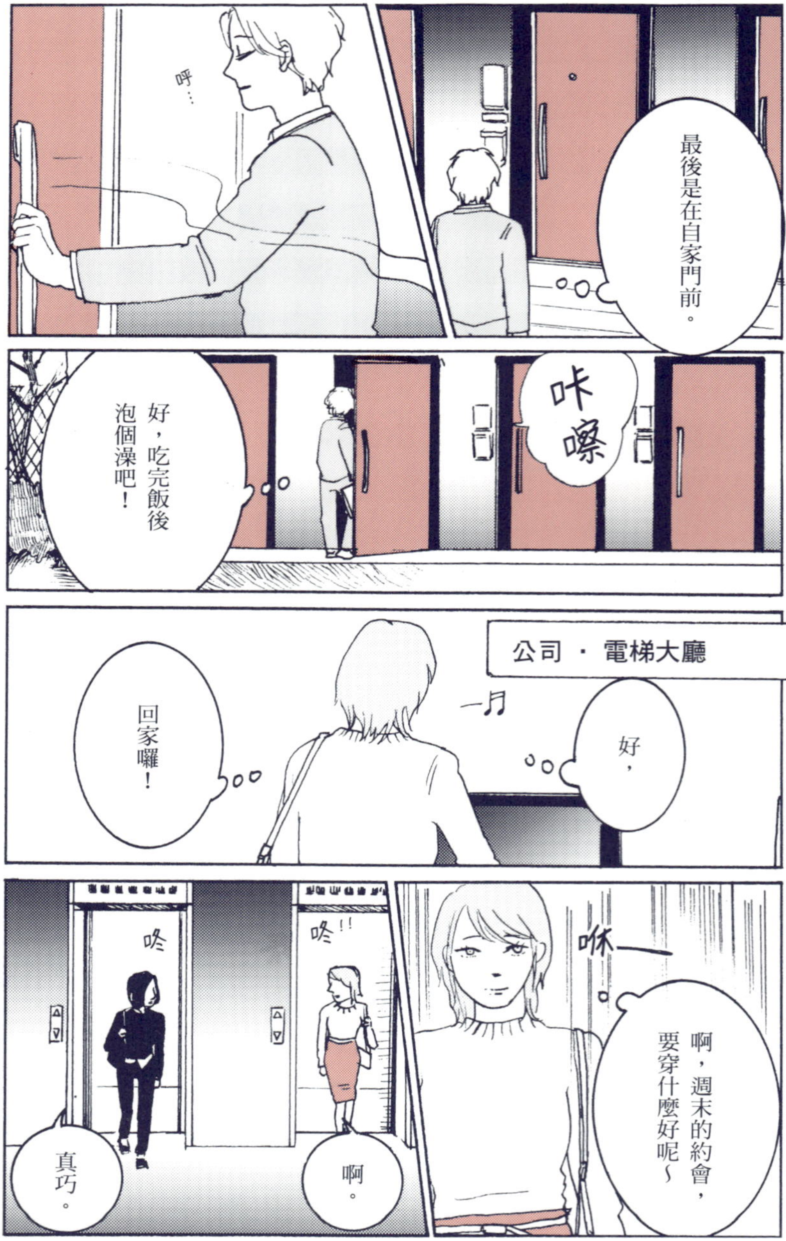

最後是在自家門前。
呼…
咔嚓
好，吃完飯後泡個澡吧！
公司・電梯大廳
好，
回家囉！
咻——
啊，週末的約會，要穿什麼好呢～
咚!!
啊。
咚
真巧。

嗯～有點麻煩呢……但也沒辦法……
辛苦了！
你也是要走到車站對吧？
我了解～因為我也覺得麻煩……
辛苦了！
啊，不過我現在回家都會多走一站的距離。
咦？是為了減肥嗎？你有必要嗎？！
不不不，不是啦不是啦。
我邊走邊專注在呼吸上。
這樣可以好好地轉換心情……你要不要試試看？

有什麼訣竅嗎？
聽說用腹式呼吸會比較好喔。
嘿～這樣說來，好像比單純走路更好呢。
還有，姿勢要正確，以自己的步調行走！
習慣以前有點辛苦……
雖然時間很短，但可以讓心情煥然一新。
噗……我們現在這樣，很奇怪吧……？
兩人一句話不說地並排走
啪嗒
啪嗒
啪嗒
啪嗒
啪嗒
……真是的！再想下去我會笑出來啦！
沒想到，比想像中更容易聊天呢。
看來邀請她一起走真是太好了。

回家後
咔嚓
我回來了——
你回來啦。
老公，關於女兒的合宿接送……
嗯，是哪天？
二十八號
等等
是星期五嗎？目前是沒什麼事。星期二以前會確定好。
她好像晚上六點半會到車站……
我知道了。
欸，那我，可以去美容院嗎？
你能去？
啊，
去吧。怎麼了嗎？

沒什麼。謝謝你。
你現在工作還順利嗎？
嗯～還過得去吧……
不過，最近好像比較不會那麼焦躁了。
是嗎？
經常生氣，會被說「上火」。
聽說只要別讓火氣上升到頭部就好喔。
這樣啊？
你的咖啡
這是之前去禪寺參加
謝謝
修行體驗的時候，聽說的。

慢慢地深呼吸，想像著把怒氣壓回肚子裡。
然後在心中默念三次詞語，
像是「冷靜下來」或是「沒事的」等等，什麼都可以。
怒氣線↓
個性急躁的你竟然會做這種事？
什麼……?!
煩躁
好啦好啦，深呼吸～
假日・咖啡廳
最近香織好像有點不一樣了？
你看起來冷靜多了。

不再在人前滑手機了，
我傳一下LINE給男友~
以前
啊，她們一起出去玩。真羨慕。
也沒了那種老是心不在焉的感覺。
還有啊
嗯
交談時看著對方很重要。
啊，對了，要趕快去跟其他部門商量一下。

既然是有求於人，雖然麻煩，還是親自去問問看吧！
好的，今天也要擦得亮晶晶！
真是感激。
打掃是禪宗最基本的修行。
ピカピカ
是這樣嗎？
將房間的髒汙視為內心的汙垢。
一心想著要保持乾淨!!
以拭去心中塵埃的心情來清掃。
欸~那我會持續試試看！
豎起耳朵
嗯~打掃啊……

好，我先來整理一下這張桌子……
亂七八糟
按照時間分類
桌上只留下必要的東西
碎紙聲
嗯？
高橋老弟你桌上那是，禪學的書嗎？
啊，是的，我買來看看。
喔……
前輩要看嗎？

嗯，如果你願意的話，可以借我嗎？
當然可以。
對了，今天是要去那個客戶那邊簡報吧？
下午過後
啊，是的！資料也照田渕前輩的建議，昨天送出去了！
喂，高橋，關於那件事……
你有昨天的補充資料，對吧？那個要交給木崎。
好的！
謝謝你！
為了保險起見，資料也可以給我一份嗎？
已經傳給你了。

下午兩點開始的話，預留一些時間，十二點半出發吧。
搭四十二分的電車
回程可能會下雨，記得帶傘喔～
可能會被問到的問題，資料裡面大致上都有寫，
所以如果有不懂的地方，就帶回來再討論吧。不必緊張。
不需要有壓力，放鬆地去發揮吧。
……
謝謝大家。

高橋君，沉著點，一起加油吧！
好！我會全力以赴！

禪的生活建議

禪宗基本四個動作

重視實踐的禪宗教誨之一是「行住坐臥」。行住坐臥指的是，不僅是坐禪和誦經，日常生活中所有行為都是修行。這四個動作也稱為「四威儀」。「威儀即佛法」，也就是說，調整日常生活中的舉止行為本身就是佛法。

禪修生活的第一步，就是調整身體的姿勢。讓頭頂到尾椎骨保持一直線，伸直背脊。注意不要駝背或重心偏移，觀察自己的身體。這就是基本的姿勢。不僅是坐禪的時候，平常也要留意自己的姿勢。

接下來，將意識集中在日常行動上。禪意生活的關鍵字是，對所有事情「用心」、「仔細」。從勞務的核心——清掃開始，重新審視每一個動作。

走＝行

止＝住

坐＝坐

躺＝臥

日常生活中
也可以模仿的
「身體」和「行動」
指標！

建議1

坐禪

行禪

即使沒有時間好好坐下來，也可以利用通勤、上學等時間來進行禪修，例如「行禪」。行禪就是在走路時，將意識集中在呼吸上。一邊反覆進行完整吐氣和緩慢吸氣的腹式呼吸，一邊前進。每天持續練習，就能夠在走路的過程中整理思考和情緒。

椅子坐禪

坐禪也可以在一般椅子上進行。即使在無法坐在榻榻米或地板上的辦公室裡，也能輕鬆練習。

在工作休息時間，即使只有短短五分鐘，養成每天重複坐禪的習慣，就能讓頭腦清晰，更容易抓住事物的核心。內心也會變得更加從容，不再動不動就因為小事而生氣或慌張。

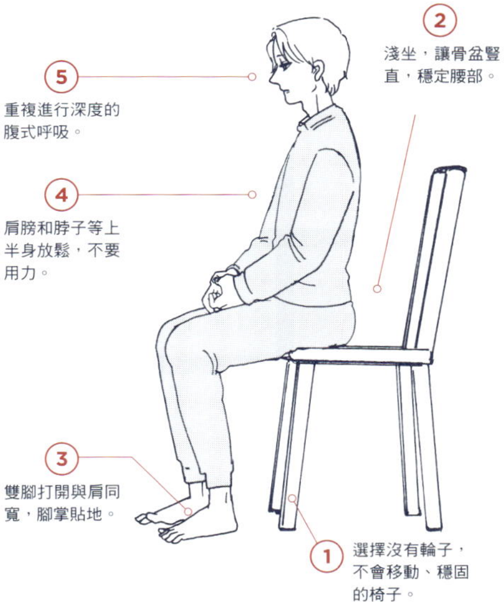
1 選擇沒有輪子，不會移動、穩固的椅子。
2 淺坐，讓骨盆豎直，穩定腰部。
3 雙腳打開與肩同寬，腳掌貼地。
4 肩膀和脖子等上半身放鬆，不要用力。
5 重複進行深度的腹式呼吸。

建議2

打掃

以拂拭心中汙垢的心情來清掃

無論是寺院境內或建築物，每個角落都清掃得一塵不染。這是因為修行僧全身全心地投入，揮灑汗水，每天重複擦拭每個角落。清掃是修行的一環，有著清淨內心的重要意義。

我們的日常生活，除了年末或招待客人等特殊時機外，也要保持房間整潔。每天固定打掃時間，即使只是短時間快速地進行，也能減少灰塵堆積。

保持房間潔淨，就是保持心靈美麗。拂去灰塵，如同去除心中的雜念；擦拭地板和牆壁，如同掃去內心的不安和陰霾。經常以檢視內心的態度，即使每天只清掃一點點，也要持之以恆，養成習慣。

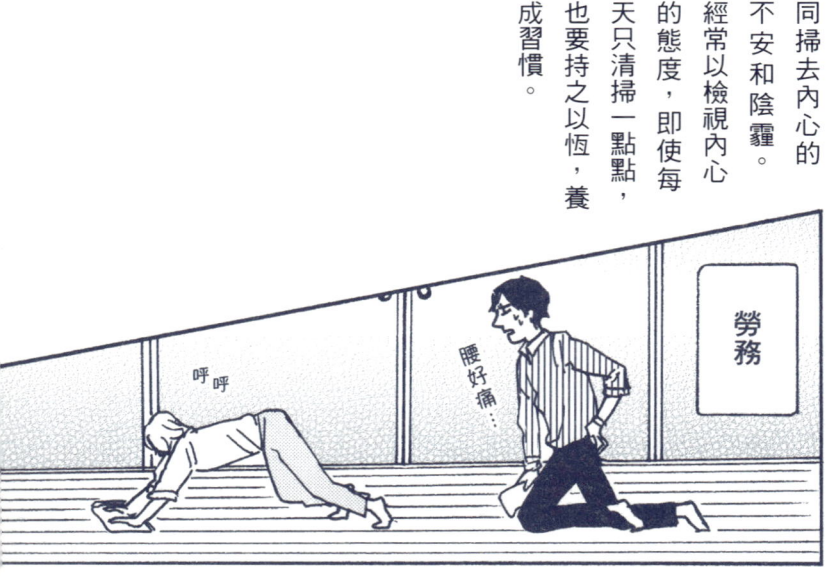

建議3

擬訂經行時間表

善用轉換心情的技巧

修行時，在進行約四十分鐘的坐禪之後，會安排起身走動的時間，稱為「經行」。修行僧排成一列，調整呼吸，緩緩行走。這是放鬆坐禪時僵硬的身體、轉換心情的重要時間。

日常生活中，也要有意識地安排像經行這樣的時間。集中力是有限的，即使勉強持續下去，也不會有好結果。感到疲勞、心情煩躁、無法專注於當下應該做的事情時，就是轉換心情的時機。

如果可以的話，建議打開窗戶或走到戶外，呼吸一下新鮮空氣。眺望行道樹的綠意，感受微風吹拂，慢慢地深呼吸。這樣也能放鬆身體。正因為有這樣的時間，才能夠張弛有度，以全新的心情專注於眼前的事物。

禪的生活模式

早晨、中午、晚上應該做的事

早上
Morning

- ☑ 比現在提早三十分鐘起床。
- ☑ 起床後立刻讓房間通風。
- ☑ 每週安排打掃不同的區域，並控制好時間，快速完成。
- ☑ 好好吃早餐。不要邊吃邊做其他事。
- ☑ 從容地出門。 最好從目的地前一站下車步行。
- ☑ 感受樹木顏色的變化、風的溫度等，親近大自然，保持心情的活力。

決定一天的品質。提升動力

將禪融入忙碌的生活

為了過禪修生活，將一天的時間區分時段，決定好行動吧。早晨早起後快速打掃。星期一打掃玄關，星期二打掃廁所，事先決定好場所，就能保持房間乾淨。好好吃完早餐後，走到目的地前一站，接觸大自然並散步。

上午先從手邊的事情開始處理，擬訂工作流程。即使再忙碌，也嚴格禁止「一心多用」，如邊聊天邊整理文件等。午餐吃八分

白天
Noon

- 上午先處理麻煩又困難的事情。
- 專注於每一件事，不要一心多用。
- 徹底休息。讓頭腦完全放鬆。
- 午餐不要吃太多，八分飽就好。
- 傍晚時轉換心情，到戶外呼吸新鮮空氣。

提升效率

夜晚
Night

- 回程時練習行禪（P.153），重複進行腹式呼吸。
- 透過坐禪、芳香療法、療癒音樂等方式解放心靈。
- 不要思考需要做出決定的事情。
- 感謝平安度過的一天。

身心放鬆

飽，抑制下午的睡意。

　傍晚因為能力也會下降，所以盡可能到戶外呼吸新鮮空氣。夜晚比起思考，更重視豐富感性的時間。透過坐禪或芳香浴等方式讓頭腦休息，以安穩的心情入睡。

禪的生活提示

穩定你的情緒

建立「結界」的重點

STEP 1

辦公室的入口或大廳、最近的車站閘門等。

▼

STEP 2

途中經過的店家或公共設施前、住家附近的車站閘門等。

▼

STEP 3

自家的大門或家門前、公寓的入口等。

▼

轉換心情！

提示 1

設置「結界」

寺院有三道門，稱為「三解脫門」。寺院外是世俗世界，境內是涅槃境界，是神聖的世界，門就成了不同世界的分界線。每通過一道門，就從各種煩惱中解脫，變得更加清淨，這就是「結界」。神社的鳥居也是相同的道理。

我們也可以在日常生活中，用同樣的方式建立結界。下班回家的路上、每天必定會經過的地方，設置三個點。每次通過這些點，就有意識地放下工作壓力和煩惱，藉此轉換心情，不要把外面的事情帶回家。

提示 2

家中也要設置「結界」

家中也能建立轉換心情的結界。佛壇、神龕、護身符、全家福相片等，自行決定一個神聖的地方作為結界點。早晨可以在那裡焚香、供茶，告知今日的行程並祈求平安，確認一天的計畫。夜晚則反省一天的經歷，報告平安度過。透過這個場所和習慣，可以打造平靜心情。此外，也可以用時間來建立結界，例如「晚上九點就放下工作」。

禪宗重視活在當下，但也重視時間到了就放下，轉換心情。

提示 3

「活在一息」

忙碌的生活中，我們常會一心多用，同時處理多件事情。禪宗的智慧卻教導我們避免這種做法，因為這只會產生不完整的結果，讓我們無法真正投入其中。與人見面時，放下手機專注於對方，用心聆聽每一句話。煮咖啡時，留意咖啡豆的種類、水溫和萃取時間，專注沖泡出最美味的咖啡，品嘗時也全心投入感受香氣和滋味。

為每個行動注入生命，這就是「活在一息」。意思是傾注全力活在每個呼吸的瞬間。愈忙碌的時候，愈要將每個行動用心、仔細地完成，即使再忙碌也能保持從容。

早。
早安。
大家早上都變得更從容了。
禪宗重視用心、仔細……字也要寫得工整……。
鈴鈴鈴鈴
鈴鈴鈴鈴
鈴鈴鈴鈴
這邊要給高橋、這邊要給木崎……

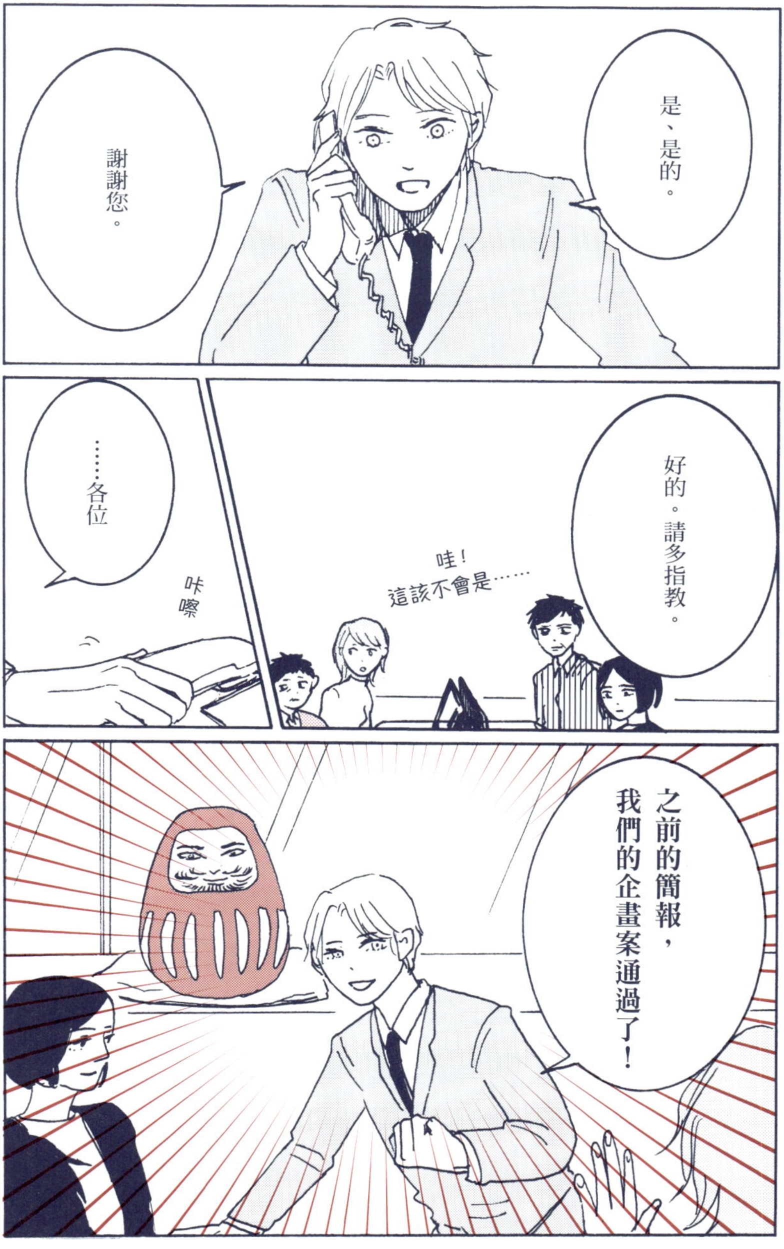
是、是的。
謝謝您。
好的。請多指教。
哇！這該不會是……
……各位
咔嚓
之前的簡報，我們的企畫案通過了！

哇！真是恭喜！
社長！
做得太好了！
那麼，我差不多該把達摩帶回去了。
哇！亮晶晶的！
好久不見了。
咦？
我不是說過，這是開運達摩嗎？

如果你們更有遠見的話，
喂，社長也在對達摩說話！
他們交情很好嗎？
誰知道？
還是很令人很驚訝……
那就得讓達摩去其他部門歷練歷練了……
……「廓然無聖」
啊，這句話真能代表禪的真諦呢。
為了這個專案，我之前總是從自己的角度，去評斷別人的想法和做法；
但從禪學中，我學到了要用更寬廣的心胸去「不執著」。

雖然有點寂寞，
但我希望今後大家能一起面對挑戰。
高橋……
我也是，沒辦法見到木崎和篠原，我也會感到寂寞啊……
什麼？你是指這個……

真是的……
我要開始安排接下來的流程了，還請大家多多提供意見！
好的。
高橋的表情看起來很有自信呢。
很好很好，從現在起才算是真正的開始呢。
這才是每個人都是「主角」的團隊，不是嗎？

DARUMA'S POINT
達摩教誨

01

禪宗認為，「行住坐臥」——生活中的一切行為都是修行。

02

將禪的精髓融入到日常生活中，身心都能得到調整。

03

在每一個動作、一切行為中，都用心、謹慎「活在每個呼吸間」。

以禪解憂！

枡野師父的人生諮商 Q&A

禪宗如何應對擔憂、不安、執著或嫉妒等
負面心態問題和狀況呢？
由本書監修者枡野俊明和尚
提供禪意的解答。

QUESTION

我無法認同上司的命令和指示，該怎麼做才能巧妙地回應呢？

枡野的 Answer

先試著認同對方。然後，再提出自己的提案。最後，自己要成為主導者，努力拿出成果。

假設上司要求你執行某項任務，但你認為照他的指示去做絕對行不通，卻被告知「就算這樣你還是得去做」。這時，你可能會因為職位關係而選擇忍氣吞聲，但也許可以試著表達自己的意見。然而，即使你有機會提出意見，如果一開始就全盤否定上司的想法，可能會引起對方的不悅，甚至使情況更加惡化。負面的回應往往只會招致更多負面情緒，單純的言語交鋒很難真正解決問題。

這時，不妨試試「丹田呼吸法」。做幾次深呼吸，將氣息下沉至丹田（肚臍下方），讓心情平靜下來。接著，試著部分接受上司的意見。例如：「您說的很有道理，〇〇先生／小姐的方案確實有其優點，我認同。」即使只贊同其中的三成，也要先表達你的理解。如此一來，對方會感覺你聽取了他的意見，進而放下戒心。

然後，再委婉地提出你的想法：「關於這個部分，我認為這樣做可能會更好，您覺得如何呢？」當對方感覺自己的意見受重視，就不會完全排斥你的提案。如此一來，雙方更容易尋求共識，找到一個折衷的解決方案，避免演變成你單方面被迫接受的局面。透過丹田呼吸，可以幫助你以更沉穩的心態進行溝通。

此外，提出建議後，你必須負起責任，用行動證明你的想法。例如，在整個工作項目中，假設有三成是上司認可的方案，三成是你自己的想法，那麼剩下的四成就是需要你去努力的空間。你必須成為這四成的「主導者」，積極主動地完成，拿出最後的工作成果。

除了認同對方、找到折衷方案之外，更重要的是以實際行動證明你的能力，並且在最後獲得認可。

QUESTION

職場上遇到難以相處的上司或同事，該怎麼辦？

枡野的 Answer

能否注意到對方不同的一面？
如果真的無論如何都無法喜歡，
就在自己心中將他定位成
「就是那樣的人」吧。

處不來其實也有不同程度。如果你只是「似乎不太喜歡對方」，可能是因為你只看到他在職場上的其中一面。就像有些藝人在電視上表現得活潑又誇張，私底下卻很安靜，生活中有很多這類的實例。有些人可能是因為在公司裡擔任主任或領導者等職務所需，為了讓不同的成員合作，必須表現得稍微強勢或嚴厲。問題就在於你是否能察覺到這一點。人是多面的，如果有機會看到那個人的其他面向，試著將其在自己心中重新定位看看。

然而，有時候無論如何就是會覺得「跟這個人合不來」。如果是到這個階段，那就只在工作上保持不影響業務往來的最低限度互動就好。畢竟公司是以完成工作為目標。既然同屬於一個部門，那麼在調職的時機到來之前，為了讓業務順利進行，就必須要有所取捨。

職場上還有一種討人厭的類型，就是把功勞全部占為己有的人。這種情況，除了他本人以外，其他人都看在眼裡，所以他總有一天會露出馬腳。俗話說「路遙知馬力，日久見人心」，他們的行為遲早會被大家看穿。此外，有些人則是見人說人話，見鬼說鬼話，說話反覆無常。這種人大概沒有認真思考就隨口發言，如果在心中先把他們定位成這種人，就不會每次都那麼生氣了。

無論如何，不管是什麼樣的人，就算你想要改變對方，對方也絕對不會改變。與其為了對方不改變而讓自己背負著心理負擔，不如改變自己的想法，這樣會輕鬆許多。

QUESTION

想不出好的企畫創意……

枡野的 Answer

透過坐禪，讓思緒暢流，打造容易激發靈感的頭腦。

這個問題的答案很簡單。無論每天多麼忙碌，都要盡可能地撥出時間讓大腦休息、思緒沉澱，保持心境平和。為此，我還是鼓勵坐禪。透過靜坐，就能客觀地看到現在什麼才是真正重要的事，以及必須掌握的要點。如此一來，大腦會逐漸變得更有條理，自然而然就能夠創造出容易激發靈感的狀態。

靈感往往是在散步、接觸大自然、泡

澡放空的時刻，突然產生的。不要被「我必須思考」這樣的想法束縛，對於容易產生靈感的狀態來說是很重要的。我之所以推薦坐禪，是因為坐禪可以創造出「無」的時間。所謂的「無」，指的就是心無罣礙，腦中不執著於某件事物。

靜坐時，包含好的和不好的，各種各樣的思緒和想法會不斷湧現，如果去否定或試圖消除這些接連浮現的想法，反而會讓內心更加執著。因此，不論什麼樣的想法都讓它自然流動，就能從對單一事物的執著中解放出來，也不會固執於某個想法。藉由坐禪讓思緒更容易流動。像這樣不被單一想法束縛，就能獲得更寬廣的視野和

靈光乍現的瞬間。

現代人雖然有很多機會接收資訊，但我想還是有很多人不擅長對資訊產生自己的想法，或是掌握事物的本質。平常養成坐禪的習慣，最後就能鍛鍊出一個不易被大量資訊所干擾、不執著於任何事物的柔軟腦袋。

QUESTION

現在的工作不適合我，
很煩惱是不是該換工作？

枡野的Answer

正因為有各式各樣工作的累積，
才能成就大事。

現在你覺得不適合的工作，其實是你人生中一步步選擇的結果。回想一下，在求職或轉職時，你應該都是選擇了感興趣的企業吧？學生時代，你也是在擅長或不擅長的科目中做出選擇，決定了文理組別或專業方向，而大多數人的工作都與這個方向息息相關。其實，你已經在不知不覺中縮小了選擇的範圍。

進入職場後，你可能會開始思考：自

己是否真的適合這份工作？是不是有更能發揮才能的舞台？這種想法在剛踏入社會的新鮮人身上尤其常見，他們總誤以為可以立刻大展身手。

然而，現實是，很少有人一開始就能被委以重任、從事理想中的工作。大多數人都必須從協助主管或處理一些看似瑣碎的工作開始。如果你因此覺得這些工作枯燥乏味、不值得去做，那就大錯特錯了。因為你只用狹隘的視野來看事情，而忽略了全局。正是這些看似不起眼的工作，才支撐起了整個團隊的運作，讓大型專案得以順利進行。試著用更宏觀的角度去看待你的工作，你會發現它的價值所在。

此外，要抱持著這樣的心態：現在自己只是個配角，或許還稱不上是「幕後功臣」，但要是沒了自己，基礎就會崩塌。將來當你站在上位時，這些經驗就會派上用場。因為你會知道新人會在哪裡遇到瓶頸，以及他們會有什麼樣的心情。

禪宗有句話叫做「行住坐臥」，意思是無論是睡覺、起床、坐著還是走路，生活中的一切、每一個動作都是修行，都是精進（P.152）。看似每天平凡的日常瑣事，在禪學中反而更受重視。無論什麼樣的工作，都不可能不揮汗努力就得到成果。

QUESTION

只被要求結果，實在很痛苦。

枡野的 Answer

與其追逐數字，
不如成為讓數字
自然增長的人吧。

一味追逐結果，也就是數字，反而容易被數字所綑綁。即使是「十」這個數字，也是由一個個「一」累積而成。因此，請徹底專注執行每一個步驟。認真對待每一件事，當你全心投入，必定會給相關人員留下良好的印象，也更容易獲得新的機會。

然而，如果只顧著追逐數字，就容易被「無論如何都必須提升業績」的焦慮和壓力所蒙蔽，而不自覺地只說一些迎合對方的話。這種做法雖然可能帶來一時的利益，但長遠來看，反而會損害你的信譽。

那麼，該怎麼做才好呢？

假設你是某家製造商的業務員。當客戶猶豫不決，不知道該購買自家公司還是其他公司的產品時，你是否能冷靜地分析，然後在判斷其他公司的產品更符合客戶目前需求時，誠實地向客戶推薦其他公司的產品？也許，你會因而失去一筆訂單。但是，客戶會認為你「誠實可靠」。對你產生信任感，這樣的信任可能在日後為你帶來其他合作的機會，或讓客戶在下一次購買時，優先考慮你的產品。

如何贏得信賴，如何把每一個步驟都確實做好，就是不被數字綑綁，又能超越業績目標的關鍵。確實贏得信賴的人，即使不刻意追求數字，業績也會自然而然提升。

來自對方的信賴，有朝一日必定會轉化為實際的成果和數字。

QUESTION

我口才不好，
不擅長與人相處……

A 枡野的 nswer

不需要辯才無礙。
善用自己的武器和優勢
來建立關係吧。

之前，我在電車上看到一位年長的、貌似業務員的人。他在搭車的期間一直寫明信片。

我稍微偷瞄了一下，上面寫著：「天氣非常炎熱，請多保重身體。我現在在○○。」等等，內容並沒有什麼特別的。或許那個人不擅言詞，但透過寄送明信片，應該能給對方留下深刻的印象。對那個人來說，用手寫的方式傳達心意，或許就是展現存在感的最佳業務技巧吧。

也就是說，從事業務工作，不一定要擅長推銷話術，更重要的是思考如何採取行動來贏得對方的信賴。當發生問題時，如果能讓別人想到「去問問那個人吧，如果是他的話，說不定能幫忙解決」，那麼你就成功了。

這不僅限於工作方面。在任何人際關係中，不一定要能言善道才好，更重要的是如何取得信任、如何與對方建立關係，思考這些才是更重要的。

舉例來說，在很多人聚集的活動或交流會上，你不一定要很會說話。如果有想傳達的事情，為了彌補不擅言詞的缺點，可以製作簡單易懂、有吸引力的視覺化傳單或卡片來發放，讓大家產生興趣或感到認同。如果你喜歡閱讀，可以展現比別人更豐富的知識；如果擅長蒐集資料，可以蒐集並展示比別人更多珍貴的資料。為了給人留下深刻的印象，一定有你能做到的事情。

發揮個人的專長和優勢，並輔以一些簡單的話語，就能建立起別人無法建立的關係。「說話」不一定是唯一的武器。

QUESTION

和一天到晚只會抱怨、說別人壞話的人相處，我的心情也變得很低落……

枡野的 Answer

想像自己是豆腐或布丁，保持彈性，巧妙地應對，才是正確的做法。

無

論對什麼都愛抱怨或持否定態度的人，往往只是想要發洩鬱悶，希望能釋放情緒。所以首先要認同他說「原來如此」，先讓對方暢所欲言。

通常這類人在說完想說的話之後，接下來一定會尋求你的認同，「我說的沒錯吧，你也有同樣的想法吧？」這個時候，我們不妨把自己想像成豆腐或布丁等柔軟的物體，抱著具有彈性的態度應對，以「嗯～」「是嗎？」等模糊的回應帶過。不要明確地表示贊同或反對。如果對方追問你的看法，就用「這個嘛」或「我也不是很清楚」等方式迴避。絕對不要附和著說：「是啊，您說的很有道理」。如果對方強勢逼問的話就回答，「真不容易啊」。像這樣反覆應對後，對方自然就會結束話題。總之就是不要隨著對方的步調起舞。

QUESTION

成為社會人士以後，交友圈反而變窄了。

枡野的 Answer

放下對工作和頭銜的執著，積極參與自己有興趣的社群。

禪學中有所謂「同安居」的修行夥伴，在嚴苛的環境下同甘共苦，建立深厚的革命情感。在職場上，若是能和同期同事或團隊建立起這樣的關係，當然最理想，然而，不同的行業和立場，有時會讓人對過於深入的交際有所顧慮。踏入社會後，公司和頭銜不過是一種身分的表徵。有些人習慣在自我介紹時強調：「我在〇〇公司擔任〇〇職務。」然而，這樣的頭銜只是在職場上暫時的狀態，並不能完全代表這個人。

重要的不是暫時的外在表象，而在於是否擁有相同的價值觀。舉例來說，如果興趣是網球，不妨加入網球社團或地方上的團體，自我介紹時，可以暫時放下公司頭銜，單純地分享你對網球的熱愛。要建立更深厚的關係，就要主動敞開心胸。在能力範圍內伸出援手；當你遇到難題時，相信對方也會義不容辭地幫助你。透過這樣的互助互惠，自然就能建立起相互信任的關係。

QUESTION

只有我獨自努力，
周圍的人卻沒有跟上腳步。
我感覺和周圍的人格格不入。

枡野的 Answer

回想自己為什麼而努力？
不要動搖你的信念。
透過率先行動，
也能帶動周圍的人。

你和周圍的人步調不一致，對於努力的方式和理想目標也有落差。這種情況在任何職場或社群都很容易發生。這時，不要忘記，例如在職場，你選擇進入那家公司，就像是一種命運，在這種命運中，當你思考要如何活下去的時候，絕對不是只顧著討好周圍的人。在與周圍的人融洽相處的同時，也要優先考慮如何透過公司這個組織，為社會做出貢獻。首先，重要的是不要動搖你的目標。現在，我正在做的事情，是為了大家嗎？是為了這個世界嗎？捫心自問，如果答案是肯定的，就向周圍的人說明吧。最重要的是，為了你的理想，率先行動。

禪宗裡有一句話叫「行解相應」（P.196）。意思是言行一致。自己說出口的話，就要做到。並非單方面地指揮周圍的人，或是抱怨現狀，而是率先行動，做出表率。讓周圍的人心悅誠服，自然而然地覺得：「他做到這種程度了，不能只有他一個人做吧。」

持續思考如何凝聚人心，並用行動證明，當周圍的人逐漸產生共鳴，再輕輕推一把，就能一起向前邁進。

為什麼要努力？
找到答案後，
就毫不猶豫地行動吧！

QUESTION

經常嫉妒他人，
動不動就和別人比較！

枡野的 Answer

比較不會有任何收穫。坦率地讚美對方，首先專注於自己該做的事情吧。

現在透過社群媒體等，很容易就能看到周圍人的狀況，有些人會局限在狹隘的人際關係中，幫人貼標籤。如果與人比較能成為讓自己努力的動力，那也無妨，但多數人都只停留在嫉妒的階段。

成績、薪水、學歷、持有的物品等，任何事都能拿來比較，一旦發現自己不如人，就會嫉妒別人，反之，則會產生優越感。這一切都只是在確認，此時此刻，自己在某個面向上的位置而已。十個人就有十種個性、十種專長。與其比較，不如在發現對方有比自己優秀的地方時，先坦率地稱讚對方：「那真的很厲害，我做不到。」被稱讚的人，一定會試著找出稱讚他的人的優點，如此一來，就能建立良好的關係。

此外，最重要的是，專注於現在該做的事情，結果自然會隨之而來。例如工作，只要拚命努力，處理的量就會比別人多，熟練度也會提升，錯誤也會減少。成績和公司評價也會上升，可能會被重要的專案找上，或是升遷。

像這樣，一旦開始往好的方向發展，好事就會像滾雪球一樣愈滾愈大，你就能順勢而為。

壞事也是一樣的道理。這在佛教用語稱為「善因善果，惡因惡果」。結下善緣就會有好的結果，反之，惡緣則會招致惡果。重要的是，如何引導自己，讓事情持續往好的方向發展。

停留在比較的階段，錯失了邁向更好方向的重大岔路，實在太可惜了。

QUESTION

我的工作與家庭兩頭燒，難以兼顧。

枡野的 Answer

育兒的時間，就是在累積「育兒專家」的經驗。調整好生活節奏，改變想法吧！

在育兒和做家事的時候，社會的意識和風氣，往往會將其視為「無法工作的損失時間」。

但其實並非如此。育兒的時候，就是在累積育兒的經驗。也就是說，陪伴孩子的時候，只要專注在孩子身上就好。家事也是一樣，做家事的時候，要有自己是家事專家的意識，專心致志於家事。不要一邊看電視、一邊滑手機等等「一心多用」，而是要將精力完全投入。

禪宗非常厭惡「一心多用」，並且戒之。邊吃飯邊看報紙，就不知道食物的味道，也不知道現在是什麼食材的產季。邊看電視邊聽人說話，其實根本左耳進右耳出。無論做什麼，即使是很短的時間，也要完全集中注意力。做家事的時候就專心做家事，育兒的時候就專心育兒，回到工作崗位就專心工作。

像這樣區分事情的輕重緩急，大小事都集中注意力，反而能從育兒和做家事的經驗，獲得順利處理事情的智慧，學會安排優先順序，有效率地利用時間，你一定會有新的體悟。這些體悟也可能會應用到之後的工作上。如此一來，即使是不工作的時間，也是寶貴的，你就不會再感到愧疚或陷入困境。

社會的意識和風氣要完全改變，或許還需要時間，但你可以先從自身開始改變意識和行動。

QUESTION

總是急著搶先，我很擔心。
要怎麼樣才能更從容呢？

枡野的 Answer

「九成的擔憂都不會發生」。與其杞人憂天，不如專注於現在該做的事情。

即使擔心，事情也不一定會朝擔心的方向發展。雖然在預想的範圍內做好準備、消除風險很重要，但是過度擔心還未發生的事情，也只是白費力氣。「九成的擔憂都不會發生」。

與其杞人憂天，不如專注於現在該做的事情。現在全力以赴，或許就能改變未來。與其擔憂「萬一變成這樣或那樣，該怎麼辦？」不如現在就盡力做到最好，這樣事情就很有可能不會往壞的方向發展。

良寬禪師說過：「災難來臨時，就坦然接受吧。」天災、事故等等，不知道什麼時候會發生，我們只能接受。但是，如果是透過自己的努力就能解決的事情，現在就應該全力以赴。人生畢竟是由每個瞬間累積而成，與其擔憂未來，不如專注於當下。

QUESTION

一考慮到年齡，
就難以進行新的挑戰而躊躇不前。

枡野的 Answer

無關年齡，現在的自己，
是重生改變後的自己。

不論任何年紀，都不會太遲，也絕非做白工。請把每天都當作是新的開始。聽說以前有位知名的禪僧，每晚都會為自己舉行葬禮。他認為昨日的自己已經死去，而今日的自己則是重生，因此他每天都提醒自己要珍惜活在當下。這種想法在禪宗中非常重要，稱之為「活在三世」。

三世指的是過去、現在、未來三個世界。生命在這三個世界中不斷延續，但過去已經結束，昨日的自己也已經死去，未來則尚未到來。我們每天都在生死輪迴中，但只要好好活在「現在」，就能活用過去的經驗，創造美好的未來。重要的是「現在」這一刻。

一旦萌生放棄的念頭，人就會開始衰老。每天都以全新的自己全力以赴地活著，體力和精神都會更加充沛。請將每天都視為挑戰。

QUESTION

或許會一直單身到老，很擔心老年生活。

枡野的 Answer

不要被外界的聲音所迷惑。首先，珍惜能與你深度交往的人。

我覺得媒體過度渲染有關晚婚和單身的焦慮。首先，婚姻是緣分，有緣自然會成。雖然媒體經常強調適婚年齡和社會標準……但這些都沒有根據。至於老年生活，雖然常有人說需要準備多少錢才能安心度過晚年，但那是把理想堆砌的結果，我們不應該被這些數字迷惑。並非所有事情都如媒體所說。如果把理想誤認為現實，隨著年齡增長，只會徒增焦慮。

雖然網路社會擴大了社交範圍，但我認為很多人並不擅長面對面的深度交流。因此，結婚也變得遙不可及。與其在社群網站上和數百人互動，不限男女，先從尋找真正能心靈相通的人開始吧。

改變人生的
80句禪語

人際關係、工作、人生

自古以來，禪僧所傳頌的禪語，
將禪的教誨簡潔地表達出來。
字裡行間充滿著
陪伴你度過人際關係、工作等各種煩惱，
以及讓人生變得更美好的提示。

NO 01

有助改善人際關係的禪語

遠離嫉妒、羨慕、偏見等使視野狹隘的人際關係，教導我們如何讓心保持柔軟的禪語。

和顏愛語

隨時保持柔和平靜的笑容，並以體貼他人的話語與人相處，就能自然而然地讓彼此的心情變得和緩。

不論是在關係緊張的職場，或是容易爭吵的夫妻關係中，任何情況下都應謹記在心。即使工作能力再好，如果總是皺著眉頭、擺出一副不耐煩的樣子，任何人都不會覺得你有魅力。如果把工作上的壓力帶回家，和家人爭吵，只會讓關係愈來愈糟。平常就應該保持笑容，並以發自內心的溫柔話語與人相處，如此一來，就能讓各種人際關係變得更圓融。

柔軟心

如同字面上的意思，就是擁有一顆柔軟的心。道元禪師以身心脫落（P.230）的心境，從一切偏見和束縛中解脫出來，最後得以開悟。

我們常會不自覺地固執己見、妄下定論，或是被刻板印象所束縛。結果，不知不覺中，我們的視野變得愈來愈狹隘。不論面對任何人，都不要急著將對方歸類為敵人或朋友，或是以好壞關係來斷定，應該盡量保持一顆沒有偏見、真誠柔軟的心。

主客一如

不要以自我為中心，將對方視為客體來評判，而是要超越主體和客體的差異，平等地看待萬事萬物。

不論在任何關係中，都不可能只有自己幸福，而對方卻不幸福。在工作上，我們可能會把競爭對手視為敵人；在戀愛中，也可能會把同樣喜歡某個人的人視為敵人，甚至想要阻撓對方。這些想法的產生，都是因為我們只考慮到自己的利益。我們應該將心比心，把對方的立場也看得和自己一樣重要，將對方視為可敬的對手，並努力建立彼此激勵、共同成長的關係。

慈眼

這句禪語出自《觀音經》的「慈眼視眾生福聚海無量」一節。意指「觀音菩薩以慈悲的目光看待所有眾生，也就是我們，因此，如同大海般廣闊無量的福報聚集而來」。我們總是容易強烈排斥犯錯的人，但我們也應該反思，自己是否過於不寬容？是否能給予對方改過自新的機會？自己真的永遠都是對的嗎？請以慈悲和善意待人。

我逢人

如同字面上的意思，這句禪語簡單明瞭地闡述了人與人之間相遇的精彩和可貴。禪宗修行特別重視尋師訪道，四處參訪明師。道元禪師當年在中國終於找到心目中的師父時，感動地說道：「親眼見到恩師，這就是人與人之間的相遇。」這句禪語便由此而來。佛教認為萬事萬物皆有緣分，因此，我們不僅要珍惜與人的緣分，也要珍惜與各種事件的緣分。我們能夠在熙熙攘攘的人群中相遇，就是一種奇蹟，應當心懷感激，並珍惜這個緣分，用心灌溉使其茁壯成長。

薰習

當

我們用衣櫥收納衣物時，如果在裡面放進散發著香氣（例如防蟲香）的物品，衣物就會沾染上香氣。下次再取出衣物時，就能聞到怡人的香味，令人心情舒適愉悅。這種現象稱為「薰習」，人際關係其實也是相同的道理。

原本衣服並沒有任何香味，如同人本來也不帶有任何善惡。但是，如果和值得尊敬的人相處，我們就會逐漸受到影響，變得和對方愈來愈像。讓我們效法自己景仰的人，同時也努力成為值得他人學習的對象吧！

薰習

1
小薰，這個送你
和前輩一樣的香水！
2
前輩對人問候總是很周到。
談吐也很優雅，
實在很迷人。
3
以這樣的感覺邁出步伐，我也能變得和前輩一樣吧。
4
那個人看起來好有魅力。

行解相應

禪宗重視理論上的理解與實踐上的修行一致。「行」指的是行動，「解」指的是理解。也就是說，你所提出的理念，是否與你的實際行動相符。

比起光說不練的人，人們自然會被那些以身作則、率先行動，或是願景明確且積極採取行動的人所吸引。即使你說得再有道理，也很難光靠言語就打動人心。所以，我們應該先以令人信服的行動來展現自己的信念和理念。

無心是我師

「無心」雖然寫作「沒有心」，但並非指空無一物的狀態，而是超越邏輯和思慮分別的境界。也就是說，放下好壞等相對的觀點，不要執著於自己的想法。只要做到這一點，就不必再向外尋求明師，因為你的心中自然會有答案。

例如，當與人發生爭執時，你不會再一味地堅持「我的意見才是對的」。這句禪語教導我們，保持一顆柔軟的心是多麼重要。

感應道交

感應原本是指祈求救濟的眾生「感」受到佛菩薩的救濟力量，佛菩薩便「應」邀前往。也就是說，人們的心與佛菩薩的心相互交流融合，合而為一。

在禪宗裡，感應是指師徒之間以能觸及彼此心靈深處的方式相互面對。從現代的角度來看，不論是上司與下屬、親子、朋友等各種關係，這句禪語都闡釋了超越彼此立場，建立互信、真誠以待關係的重要性。

和敬清寂

這是千利休的名言，也是茶道中著名的禪語。泡茶的人和喝茶的客人，必須互相尊重，並將茶室和茶具等場所和器具清理乾淨，以清澈寧靜的心境相對。

例如，如果我們以隨便的穿著、踩著約定時間的最後一刻、甚至帶著慌亂的心情去見對方，就無法真正重視對方的心意，雙方也難以擁有一段美好的相處時光。不論再怎麼忙碌，都應該尊重對方，並做好讓自己沉澱下來的心理準備。

不戲論

這句禪語出自道元禪師的佛教著作《正法眼藏》中的「八大人覺」第八條。「戲論」指的是沒有意義的無益爭論。告誡我們不要進行這樣的爭論，也就是不要喋喋不休地說些無意義的話。只要修行有成，從所有妄想和偏見中解脫出來，就不會再進行無謂的爭論了。

調整心靈的坐禪，是實踐「不戲論」的基礎修行。俗話說「禍從口出」，我們應謹慎選擇用詞，避免一時衝動而破壞了重要的人際關係。

語先後禮

意思是說，要先注視對方的臉，再說話，最後行禮。禪宗非常重視禮儀的正確性。雖然只是簡單的打招呼，但在日常生活中，我們卻常常做得不夠到位。你是不是也曾在說話時敷衍地低頭，或是交談時沒有好好看著對方的眼睛呢？

日文的寒暄寫為「挨拶」，本來指的是禪宗的問答，最初是用來判斷對方悟道的程度。為了建立良好的人際關係，我們應將這個基本的溝通禮儀融入日常生活中。

冷暖自知

這句禪語的意思是，裝在容器裡的水到底是冷是熱，只有親手觸摸或實際喝過才能知道。

尤其在網路社會中，我們很容易被「似是而非」的資訊所包圍。我們可能會參考網路評價來購買商品，或是因為名人推薦而喜歡上某樣東西。但是，我們是不是忽略了每個人感受和理解事物的方式都截然不同呢？雖然參考他人的意見和建議很重要，但不應該過度依賴，首先應該重視自己的親身體驗。

冷暖自知

1
開動了
2
這家店最近似乎大受歡迎。
聽說很多演藝圈的人也常來。
3
是因為上個月雜誌報導的關係吧。
有人說叉燒麵很好吃。
4
這家店從二十年前到現在，一直都很好吃。
而且什錦湯麵比叉燒麵更美味。

一個半個

這句禪語源自於道元禪師對其師父如淨禪師所說的話：「接得一個半個」。

「一個半個」指的是一個人或半個人，也就是極少數的人。意思是，要正確地傳授佛法給許多弟子是很困難的，所以即使人數再少，就算只有一個人也沒關係，重要的是要毫無遺漏地、徹底地將佛法傳承下去。

這句話也適用於現代的人際關係。我們不需要勉強擴展交友圈，非要填滿行事曆的每一個空檔才覺得充實，只要有一位可以真心相待的朋友就足夠了。

面授

這句禪語闡述了師父應該與弟子面對面直接傳授教誨的重要性，據說道元禪師經常使用這句話。

現代人可以透過網路輕鬆地進行各種交流。但是，在委託他人幫忙、或是因為自身原因取消行程而道歉等情況下，即使感到難以啟齒或麻煩，也應該盡量與對方當面溝通。

我們可以善用便利的工具，但重要的事情還是要真誠地直接傳達。

悟無好惡

有些人自我介紹時，只報公司名稱和職稱。這就好像他們在引導別人，只用單一角度（公司裡的形象）來認識自己。這句禪語的意思是，如果我們能拋開成見和偏見，真誠地與對方相處，就不會再以「喜歡」或「討厭」來評判對方。

我們常常會因為對方的頭銜、財產或周遭評價等因素，而產生先入為主的印象。但實際相處後，你可能會發現，對方和你想像中的完全不一樣。所以，請摘下有色眼鏡，以真誠的心去認識對方。

花無心招蝶，蝶無心尋花

花朵盛開，並非為了招蜂引蝶；蝴蝶飛舞，也並非為了尋花採蜜。花朵到了花期自然就會盛開，蝴蝶到了飛舞的季節自然就會飛舞。彼此都只是順應本性而活，卻也因此結下了緣分。花朵將花蜜贈予蝴蝶，蝴蝶則為花朵傳播花粉。這是良寬禪師闡述「無心相遇」的一句話。

人與人之間的緣分也是如此。親子、兄弟姊妹、朋友、夫妻、戀人……不論是什麼關係，只要我們能活出真實的自我，自然就能與他人建立美好的緣分。

自未得度先度他

這句禪語的意思是：「在自己尚未獲得『度』的情況下，也要先幫助他人獲得『度』。」即使自己尚未達到悟道的境界，也要竭盡所能地幫助他人先獲得悟道和救贖，這句話闡述了利他救濟的重要性。這也是實踐利他精神、達到佛的境界的教誨。

人類絕不可能僅僅透過追求個人的勝利、渴望被認可等自我本位的想法和行為而獲得幸福。看見他人喜悅的模樣，才是人類真正的幸福。

同事

在引導人們獲得救贖、走向悟道的菩薩行中，有「四攝法」四種教誨，分別是「布施」、「愛語」、「利行」和「同事」。除了不求回報的布施、充滿關懷的愛語、無私的利行精神之外，「同事」也同樣重要，指的是「不區分自己和他人，設身處地為他人著想」。

如同「相同的事情」的字面意思，這句禪語強調「你我皆相同」。我們不應將自己與他人比較，產生優越感或嫉妒心，而應隨時設身處地為他人著想，體察對方的心情。

名利共休

「名利」指的是名聞利養，亦即名聲遠聞和以利養身的意思；而「名利共休」指的是將這些都放下，也就是斷絕世間的名聲、金錢、地位的意思。

據說茶人千利休的名字，就是來自這句禪語。在茶席上，不論對方的頭銜、身分高低，只專心於真誠款待。不求名譽，也不求金錢。

同樣地，不論彼此是什麼關係，都不計較利益得失，將對方視為一個人，真誠以待。

名利共休

1
廁所在哪裡？
直走，在右手邊。
2
廁所在哪裡？
直走，在右手邊。
3
廁所在哪裡？
直走，在右手邊。
4
……
直走，在右手邊。

以心傳心

「以心傳心」指的是用心去傳達，也就是不用言語或文字，而是心與心相通。釋迦牟尼佛的悟道境界，後來傳給了二祖摩訶迦葉，因為他們心意相通，所以不用言語也能傳達。因此在禪宗裡，佛法是由師父傳給弟子，不依靠言語文字，而是直接傳達到內心。

即使在現代，心意相通的關係，也不會拘泥於對方的社會地位、財富等表面事物，而是建立在彼此理解的心意和互相尊重的基礎上。

一期一會

「一期一會」原本指的是茶道的精神，但現在已被廣泛使用。「一期」指的是人的一生，「一會」指的是僅此一次的相遇。也就是說，「一生只有一次的相遇」。即使是數次為同一個人奉茶，今天的茶會也只有一次，因此要盡心盡力，以示款待，這就是「一期一會」的由來。

今後，今天與家人、朋友、戀人、同事等相聚的時光不會再有第二次。而且人終究會迎來離別。珍惜現在，才能與對方建立美好的關係。

千里同風

「千里」指的是約四千公里。意思是說，即使在如此遙遠的地方，也吹著同樣的風。換句話說，無論距離多麼遙遠，一定有人和你一樣，有著同樣的煩惱，或是懷抱著同樣的夢想。

當你因為目光短淺，只考慮身邊的人際關係時，不妨想想那些在遠方感受著同樣風的人們。在這個網路可以連接地球另一端的時代，即使相隔遙遠，也有各式各樣的社群，說不定可以遇到很出色的夥伴。

千里同風

1
喜歡藍色的人？
綠
粉紅
紅
紅
白
2
橘色
白
黃色
紅
黑
粉紅
紅
3
紅
黑
白
紅
4
我喜歡藍色

NO 02

有助於工作的禪語

不受評價和成果的左右，
把握機會，
持續穩步前進的禪語

禪即行動

禪宗重視實踐和行動。認為在做任何事之前，如果總是找藉口放棄或拖延，將毫無意義。

即使失敗或犯錯，也能成為寶貴的教訓和經驗，指引你下一步行動。首先，就從你能做到的事情開始吧。例如：立刻回覆郵件、主動參與想做的企畫、早起習慣來管理健康、主動與感興趣的人交流、積極地立即行動，將這些養成習慣，培養你的行動力。

啐啄同時

「啐」

指的是雛鳥在蛋裡準備孵化時，從內側輕輕敲擊蛋殼發出的聲音，像是在說「我快要出生了！」「啄」指的是母鳥察覺到蛋的變化後，從外側啄蛋殼發出的聲音，像是在說「出來吧！」這個詞彙將師徒關係比喻為雛鳥破殼而出的過程，說明「啐」和「啄」必須「同時」發生才是理想狀態。

如果你是一位應該成為後輩榜樣的學長姐，或者是一位帶領部屬的領導者，那麼絕對不能錯過對方成長的最佳時機。要像母鳥一樣，準確地接收到雛鳥「啐」的信號，給予技術和知識，正確地引導他們。

滅卻心頭火自涼

源

自中國詩人杜荀鶴的詩句，由武田信玄的禪學老師——惠林寺的快川紹喜禪師發揚光大。武田家被織田信長滅亡時，快川紹喜禪師所在的惠林寺也遭到突襲和焚燒。禪師在烈火焚身之際，留下了最後的教誨。

「心頭滅却」指的是不被執念和欲望所左右的狀態。如果能達到這種境界，就能消除所有雜念，即使是火焰的灼熱，也能平靜地接受。這句禪語教導我們，無論身處多麼嚴峻的困境，都要保持內心平靜，勇敢面對，而不是逃避。

清風拂明月，明月拂清風

清風指的是清爽的風，明月指的是陰曆八月十五日，也就是中秋節皎潔的月亮。在禪宗的世界裡，清風和明月都象徵著清澈透明的悟道境界。清爽的風可以無阻礙地吹到任何地方，月光也能照亮每個角落。這兩者互相依存，彼此襯托，共同創造出自然之美。

公司裡的主管與部屬間，關係也應該像清風明月一樣。彼此互相扶持，共同提升，相互合作，創造佳績。

八風吹不動

八風指的是「容易動搖人心的八件事」，也就是讚美、責罵、毀謗、榮譽、利益、衰敗、痛苦、快樂（稱、譏、毀、譽、利、衰、苦、樂）這八種境界。人們常常受到這些「風」的吹拂而迷失自我。然而，無論何時都應該保持「不動」的狀態，也就是不被外在因素所動搖，穩如泰山。

在職場上，我們每天都會遇到各種各樣的「八風」。即使取得了預期的成果，獲得巨大成功，也不應該到處炫耀；相反地，即使成果不如預期，陷入困境，也要保持內心的平靜和穩定。

結果自然成

「結果自然成」指的是，結果是自然而然產生的，超越了人類的期望、計畫和作為。

每天踏踏實實努力的人，才能在機會來臨時立即採取行動，並招來更多的機會。而平時怠於努力的人，即使機會來了也無法獲得好的結果。至於怠惰的人，他們根本就察覺不到機會的到來。即使你想要尋找成功的捷徑，但結果必然只會在不斷努力之後才會出現。因此，無論做任何工作，都應該全力以赴。

開門福壽多

「開門納福」指的是打開門戶，迎接福氣。但是，福氣只會降臨在整理乾淨的門戶和屋內。如果只有玄關和門戶周圍乾淨，房間內部卻髒亂不堪，那就沒有任何意義了。

門戶也可以比喻為人的內心。如果一個人隱瞞太多事情，不願敞開心扉，就無法得到別人的信任。

試著想想，在職場上，你是否對重要的團隊成員敞開心扉？在家裡，你是否對重要的家人敞開心扉？隨時做好準備迎接重要的情報和各種緣分，讓自己保持一顆開放的心吧。

身心一如

「身心一如」指的是身體和心靈、肉體和精神是不可分割的，是一個整體。禪宗非常重視這個觀念。身體和心靈是同一存在的兩個方面，彼此密不可分。相較於無形無相、難以捉摸的思想和情感（＝心靈），身體是看得見的，可以透過意識去調節。

例如，當你因為工作壓力而失眠時，可以透過調整姿勢和呼吸來練習坐禪，或是用令人放鬆的音樂和香氛來調節身體狀態，如此一來，心靈也能跟著沉靜下來，更容易入睡。由此可見，身體和心靈的運作息息相關。

無功德

這句禪語源自達摩祖師和梁武帝之間的對話。梁武帝熱心於佛教事業，例如建造寺院、資助僧侶修行等等。當來自印度的達摩祖師來訪時，梁武帝向他述說自己的功績，並提問：「我有什麼功德呢？」然而，達摩祖師的回答卻是：「沒有功德（無功德）」。達摩祖師藉此訓誡梁武帝，不要執著於功德和回報。如果一心追求功德，即使做了再好的事情，也會失去它的光輝。

在工作中，我們也應該專注於努力付出，不要計較回報，也不要到處張揚自己的成就。

前三三後三三

這句禪語源自文殊菩薩和無著和尚的對話。無著和尚問文殊菩薩：「（文殊菩薩去過的地方）有多少人信奉佛法呢？」文殊菩薩回答：「如同恆河中沙粒的數量那樣多，三千大千世界也無法容納。」因此這句禪語意指，不僅僅是修行僧侶才遵循佛法，每個人的心中都有佛性，都擁有佛法，這樣的人無窮無盡，數量本身沒有意義。在陰陽學說中，三是陽數，兩個三疊加代表著無限、無量。自身的前後都是無限、無量，指的是全身充滿了豐富的事物，處於滿足的狀態。我們應該努力提升自我，讓自己擁有豐富的知識和經驗。

非思量

這句禪語出自唐代禪僧藥山惟儼，闡述了坐禪時應有的心態。指的是拋開所有雜念，讓心靈歸於虛無的狀態，如實地觀察這個世界。

在忙碌的現代生活中，我們常常被工作追趕，內心總是無法平靜下來。我們的大腦不斷記掛過去的事情，擔憂著現在的煩惱，或是被對未來的不安所壓垮。然而，這句話教導我們，不要沉溺於虛無縹緲的情緒和思緒中，不斷胡思亂想，而應該專注於「現在應該做的事情」，保持一顆純淨的心。

對機說法

釋

迦牟尼佛在面對人們各種各樣的煩惱、痛苦和問題時，會採用「對機說法」的方式來進行開示。「對機說法」指的是根據對方的性格、能力、想法、資質、年齡，以及各自所處的環境等因素，選擇對方能夠理解的方式來進行說明。如此一來，聽的人就能夠更容易理解，並且將佛法銘記於心。

在工作中也是如此。如果你是指導後進或部屬的角色，請試著觀察他們的特質，並思考如何進行有效的溝通。

隨所作主，立處皆真

無

論身處何種環境，只要保持積極主動的態度，就能夠洞悉事物的真相，並將那個地方變成屬於你自己的天地。

在經歷調職、轉職、部門輪調等各種環境變化時，我們可能會覺得「鄰居的草皮看起來比較翠綠」，或是忍不住和別人的環境做比較。但是，在這種情況下感到煩惱或嫉妒毫無意義。只要在當下所處的環境中，扮演好自己的角色，努力付出，就能夠找到真理。換句話說，只要我們能發現自我存在的必要性，就能夠開拓出一條屬於自己的道路。

時時勤拂拭

人們經常會被妄想、雜念等煩惱所困擾，據說這樣的煩惱共有一〇八種。這些煩惱就像灰塵和汙垢一樣，會不斷累積在心中。這句禪語的意思是，我們必須意識到這些煩惱的存在，並且隨時擦拭、掃除乾淨。

無論是麻煩的工作，或是微不足道的小事，如果一直置之不理，或是一再拖延，都會在不知不覺中擾亂你的心緒。我們應該隨時處理這些問題，不讓灰塵和汙垢蒙蔽心靈，保持內心的清明澄澈。

時時勤拂拭

燈下不截爪

這句禪語字面上的意思是不要在昏暗的燈光下剪指甲，但也引申為在光線不足的情況下剪指甲，可能會導致嚴重的傷害。

佛教將智慧之光無法照耀到的狀態，也就是無知，稱為「無明」。如果將「燈光」理解為「智慧」，就能更容易理解這句話的涵義。在昏暗的燈光下，也就是憑藉著一知半解的知識，就妄下判斷或發表意見，可能會導致評價下降，甚至招致失敗。因此，我們必須努力獲取充足的光明，也就是正確的判斷和知識。

小水常流如穿石

即使是像雨滴般微不足道的水流，只要持續不斷地流動，有朝一日必能滴穿石頭。

這句禪語比喻，只要像水滴一樣堅持不懈地努力，最後一定能夠有所成就。

無論多麼微不足道的事情，或是需要花費多少時間，只要一步一腳印，持續累積努力，就不會被辜負。不要因為沒有立即看到成果就焦躁不安，也不要輕易放棄，更不要一開始就認為自己做不到。即使只是小小的進步，也要持續努力，穩步向前。

單刀直入

「單刀直入」指的是在談話中直接點出核心重點，這句禪語在現代生活中也很常用。

有時候，我們不能拐彎抹角，或是用含糊不清的說法來迴避問題，而應該直截了當地表達想法。禪語也同樣教導我們，要掌握事物的本質。

任何工作都有其核心重點。我們應該先掌握這個核心，才能夠順利地安排後續步驟，提高效率。

汝被十二時使，老僧使得十二時

這句禪語源自中國唐代趙州從諗禪師，一位年輕僧侶向他請教如何利用時間，禪師便給出了這樣的回答。這句禪語的意思是：「你被時間所奴役，每天都被時間追著跑，而我卻能充分利用時間。」

這裡的「十二時」指的是古代的二十四個小時。禪師想要表達的是，他能夠主宰時間，而不是被時間所控制，並將生命貫徹到每個時刻，這才是禪的真諦。我們應該學習禪師的精神，不要被行程表追著跑，而是要主動掌控時間，並且充分利用。

百尺竿頭進一步

這句禪語的意思是，爬上百尺高的竹竿頂端，已經無路可進的情況下，還要再往前踏出一步。禪宗的修行永無止境。這句話的下半句是「十方世界現全身」，意思是說，修行並不是到開悟就結束了，而是要「十方世界現全身」，回到現實世界，將自己的悟道以各種形式傳達給世人，這也是修行者的重要使命。

在工作中取得成功時，也不應就此滿足，而是要思考如何更進一步。身為領導者或指導者，更應該將這個道理銘記在心，為後進樹立典範。

枯木裡龍吟，髑髏裡眼睛

這句禪語源自中國唐代香嚴禪師，一位僧侶向他請教禪宗的精髓以及開悟之人的境界，禪師便給出了這樣的回答。

枯木的空洞處被風吹過時，會發出如同龍吟般氣勢如虹的聲音。而骷髏頭上的兩個眼窩，看起來也像是活人的眼睛。

枯木和骷髏頭都是死亡的象徵，看似毫無用處，卻也能展現出如同生命般的活力。這句話教導我們，世間萬物皆有其存在的價值。

一日不作，一日不食

這句禪語經常被誤解為「不工作的人就沒有飯吃」，但其實正確的意思是「如果沒有完成自己應該做的事情，就不吃飯」。這句話出自中國唐代百丈懷海禪師。

有一天，弟子擔心年事已高的禪師仍然每天堅持下田勞動，於是偷偷把他的農具藏起來。沒想到禪師從那天起就開始禁食。對禪師來說，下田勞動也是修行的一部分，是他應該做的事情。我們也應該學習禪師的精神，在每天結束時，反思自己是否完成應該做的事情。

平常心是道

這句禪語源自中國唐代趙州禪師，他向自己的師父南泉普願禪師請教：「什麼是道？」南泉普願禪師回答：「平常心是道。」「平常心」指的是日常生活中應有的心態，「道」指的是佛道，這句話的意思是「保持平常心就是佛法」。

在平凡的日常生活中，我們的心態和行為都與悟道息息相關。即使在工作中，也要重視每天的例行事務，無論遇到任何情況，都不被情緒所左右。即使一時被情緒影響，也要能迅速冷靜下來，因此，我們必須隨時調整自己的心態。

滴水嫡凍

「滴水成冰」指的是水滴落下後，立刻結凍成冰的景象。如同水滴落地瞬間就變成冰塊一樣，禪宗的修行也必須時刻保持警覺，精進不懈。

工作方面也是如此。不要因為怕麻煩就拖延決策，也不要一直煩惱而白白浪費時間，應該當下就解決問題。尤其是身為團隊領導者的話，更要以「立即決斷，立即行動」為座右銘，不要讓問題拖延下去，並且持續提升生產力和效率。

百不知百不會

「百」並非單純的數字，而是代表著「各式各樣」、「所有一切」、「全部」的意思。

這句禪語出自中國宋代無門慧開禪師，是他開悟之後所說的話，意思是「我什麼都不知道，什麼都不懂」。由此可見禪師的謙虛和智慧。

如同「稻穗愈飽滿愈低頭」這句諺語所說，真正的大師即使升遷或獲得成功，也絕不會因此而驕傲自滿，或到處張揚。相反地，他們總是保持著好學的精神。當我們取得成就時，更應該保持謙虛的態度。

妙手多子無

有些人為了儘早獲得成果，或是為了得到評價和功勞，會耍一些小手段，想要擊敗競爭對手。但是，到頭來真正能夠獲得好評的，是那些真心誠意工作的人。「妙手」，也就是能夠抄捷徑、走後門的絕妙手段，並不存在。

與其汲汲營營於眼前的利益，或是斤斤計較於自身的利弊得失，不如保持一顆純淨的心，全力以赴完成眼前的工作。與其耍一些無聊的小手段，不如堂堂正正地憑實力決勝負。

妙手多子無

1
把一些顯眼的地方打掃乾淨，
讓他稱讚我。
2
我回來了，累死了。
咦？
我白做了嗎？
3
來煮點好吃的。
4
好好吃！謝謝你！我還要一碗。
原來……這樣也行。

知過則速改

這句禪語出自江戶時代後期良寬的漢詩，意思是說，如果發現犯錯，就要立刻改正。

犯錯或失敗，尤其是會影響評價的過失，大家都會盡可能地不想讓別人知道。因此，我們很容易錯過報告的時機，或是想要推卸責任、隱瞞真相。但是，壞消息更應該立刻傳達出去。如果能夠快速應對，就能夠擬定改善策略，也可能找到彌補錯誤的方法。

潛行密用，如愚如魯

這句禪語出自中國曹洞宗的開祖洞山良价禪師，意思是說，默默行善，不求回報。

在工作中，如果看到部屬或後輩遇到困難，就應該默默地伸出援手。即使沒有人知道是你做的，也要在背後支持他們，並且不要到處宣揚或炫耀自己的功勞。

這句話教導我們，即使沒有人看見，也要盡全力做到最好。

多聞第一

釋迦牟尼佛的弟子中，「十大弟子」特別優秀且深受信任，分別是：舍利弗、目犍連、摩訶迦葉、阿那律、須菩提、富樓那、優婆離、迦旃延、羅睺羅、阿難陀。

其中，阿難陀長時間侍奉佛陀，聆聽佛法，因此被譽為「多聞第一」，也就是聽聞佛法最多的人。佛陀涅槃後，在佛經的編纂會議上，阿難陀憑藉著豐富的經驗，扮演重要的角色。

在這個人們習於表現自我主張的時代，我們應該學習阿難陀，成為擅長聆聽的人，並將所聽到的內容轉化為自身的力量。

多聞第一

1
昨天被迫聽社長講有關改革的事情，搭最後一班車回家……
抱怨
牢騷
辛苦你了
2
我覺得A案比B案可行，因為……
滔滔
不絕
原來如此！
3
上星期我和其他部門的同期，談到共同企畫的事情……
真的嗎？
4
好，根據大家說的內容擬訂新的企畫！

NO 03

有助於人生的禪語

擺脫執著和成見，
珍惜當下每一刻，
盡情活出自我的禪語。

日日新又日新

每天都要將今天當作嶄新的一天來度過，擁抱全新的心境，蛻變成全新的自己。

即使每天看似都過著相同的日子，沒有任何變化，但實際上，花草樹木都在生長，河水也不斷流動，我們也不再是昨天的自己。

面對每天的例行工作，也要將今天視為全新的開始，努力讓自己有所進步。即使昨天和別人發生了爭執，也不要將怨恨延續到今天，要用全新的心態與人和好。重要的是，要隨時保持一顆積極的心，讓每一天都過得有意義。

把手共行

這句禪語出自中國宋代的公案集《無門關》，是無門慧開禪師的名言，意思是「攜手同行」。

人生道路上，可以攜手同行的對象有很多，例如夫妻、戀人、朋友，甚至是競爭對手，這些人都很重要。但是，禪宗認為最值得信賴的夥伴，是「真正的自我」，也就是「內心裡的另一個自己」。另一個自己沒有欲望、算計和執著，是純粹而真誠的存在，也是我們最好的夥伴。無論人生遇到什麼樣的波瀾，都要和這個內在的自己互相扶持，互相鼓勵，並將它視為心靈的依靠。

玉不琢，不成器；人不學，不知道

每個人都擁有一塊「寶石」的原石，但未經琢磨的原石，就只是一塊沾滿泥土的石頭。

這句禪語中的「玉」指的是一種翡翠玉石。只有將泥土洗淨，不斷雕琢原石，才能將原石變成閃閃發光的珍貴器物。

人也是一樣。平時要對各種事物保持好奇心，不斷學習，才能找到自己的人生方向。每個人都有自己的魅力，都蘊藏著才能和可能性。將人生中的各種經歷都當作學習的素材，不斷磨練自我的心靈，就能讓才能開花結果。

行雲流水

如同字面上的意思，白雲來去自如；水流潺潺順行無阻。天空中的雲朵自由自在地飄蕩，流動的水也從不被任何事物束縛，永遠不停歇。遊走各地的修行僧侶被稱為「雲水」，就是取自「行雲流水」之意，期許他們能擁有像雲和水一樣自由的心境。

這句禪語也教導我們，做人應該像雲和水一樣，不要執著於任何事物，也不要停滯不前，要自由自在地、不受拘束地前進。每天都要抱持著挑戰新事物的心態，積極進取地生活，如此一來，每一天都是無可取代並且充滿價值的一天。

行雲流水

知足安分

「知足」指的是知道滿足，「安分」指的是對自己所處的環境和身分感到滿足。

無論是物質方面，還是財富、名譽等，如果總是貪得無厭，欲望的深谷難以填滿，那麼內心就會持續焦躁不安，無法平靜下來。因為人的欲望永無止境。與其總是感到不滿足而惶惶不安，不如不追求奢侈，認清自己的能力，接受自己現在的處境。如此一來，才能夠保持心平氣和，過著安穩的生活。

池成月自來

池塘比喻的是心靈的狀態，月亮比喻的是佛性。月亮原本可以映照在任何池塘的水面上。但是，如果心靈如同池水般波濤洶湧、騷動不安，就無法映照出月亮。這句禪語的意思是，如果內心焦躁，就無法做好任何事。

只有清澈平靜的水面，也就是心平氣和的狀態，才能夠反映出佛性。我們不應該追求刺激而成天疲於奔波，也不應該總是忙碌不停，而是要保持心平氣和，過著平靜的生活。

擔枷帶鎖

「擔枷帶鎖」指的是被枷鎖束縛的狀態。例如，對於未來的不安、家庭的煩惱等等，這些圍繞在身邊的各種煩惱和妄想，會讓人如同被枷鎖捆綁，無法做出客觀的判斷，也無法以宏觀的角度看待事物。

在這種情況下，重要的是不要讓這些虛無縹緲的不安，更加折磨自己。類似的禪語還有「莫妄想」（不要妄想）。我們應該專注於眼前應該做的事情，並且反思自己是否被這些枷鎖束縛，進而修正偏頗的想法，以更廣闊的視野做出正確的判斷。

日日是好日

這句禪語出自中國唐代末期到五代的雲門文偃禪師，意思是「每一天都是好日子」。看似簡單易懂，實則蘊含著深刻的道理。

人生中，我們難免會因為人際關係或工作上的失敗而感到沮喪。但是，那是因為我們被利益得失、優劣成敗的標準所束縛。我們應該拋開這些執著，如實地活在當下，將每一天都視為獨一無二的體驗，積極地度過。無論遇到什麼樣的日子，都不要患得患失，而是要思考如何改善，將每一天都變成好日子，這樣的決心和生活態度才是最重要的。

吃茶吃飯

這句禪語的意思是，喝茶的時候就專心喝茶，吃飯的時候就專心吃飯，要「融入」到當下正在做的事情，也就是要專注。

在忙碌的現代生活中，許多人都在過著「一心多用」的生活。邊看手機邊吃午餐，邊看電視邊做家事，總是心不在焉，無法靜下心來。

我們應該重新審視日常生活中的每個行為。全心全意投入到眼前正在做的事情，就能夠提高效率，獲得成就感、愉悅的心情和喜悅。

本來無一物

每個人出生時，都一無所有，沒有知識、沒有經驗，也沒有地位和名譽。同時，也沒有對這些事物的執著和不安。隨著我們成長，在社會上歷練，就會開始與人比較，羨慕別人的財富和地位，或是執著於金錢。

但是，回想一下我們自己原本一無所有，赤裸裸地來到這個世界。如果能夠明白自己本來就沒有什麼可以失去的，就能夠無所畏懼，勇往直前。

這句禪語出自中國禪宗六祖惠能禪師，闡述人性的本質。

形直影端

這句禪語的意思是，如果一個人的身體姿勢端正，就連他的影子也會很美麗。

在現代生活中，長時間使用手機和電腦幾乎是無可避免的。但是，長時間保持低頭或駝背等不自然的姿勢，身體不知不覺間就會歪斜。

調整好姿勢，呼吸就會順暢，舉手投足也會自然地變得優雅。如此一來，不僅外觀看起來更有魅力，也會由內而外散發出自信。這樣的人，就連影子也會很美麗。讓我們一起努力成為這樣的人吧！

全機現

美國企業家史蒂夫・賈伯斯（Steven Paul Jobs）二〇〇五年在史丹佛大學的著名演講中提到，他多年來一直問自己：「如果今天是我生命的最後一天，我還會想去做我今天要去做的事嗎？」

如同賈伯斯所言，這句出自道元禪師的禪語正是要我們竭盡所有的力量到當下的每一刻。現在就全力以赴，才能讓人生更加豐富、更加精彩。

春色無高下，花枝自短長

春

天會平等地降臨到每一棵樹木。然而，即使是同一棵樹，位處高處的長枝條，因為可以提早享受到充足的陽光，所以會提早開花。而位處陰影下的短枝條，因為難以照射到陽光，所以開花得比較晚。

人生也是如此。有些人正處於順境，像是沐浴在陽光下，持續大放光彩；有些人則尚未那麼幸運。但是，沒有好壞之分，重要的是在現在所處的位置，盡全力展現最好的自己，綻放出最美的花朵。

春色無高下，花枝自短長

身心脫落

據說，道元禪師在修行時期，看到他的師父如淨禪師對修行僧大喝一聲「身心脫落！」，因而有所頓悟。這句禪語和「放下著」（P.105）的意思相同，指的是身心都從所有的執著中解脫出來，拋開一切。

道元禪師認為，修行不需要焚香、禮拜、念佛、懺悔、誦經，只要專心坐禪，就能達到這種境界。重要的是擺脫一切束縛，讓身心都處於清爽自在、自由無礙的精神狀態。

水流元入海，月落不離天

這句禪語源自於一位禪師對修行僧的提問：「佛法究竟在哪裡？」

水流經各式各樣的地方，最後都會匯聚到大海。月亮在西邊落下，又會從東邊升起，不會中途從天上掉下來。這句話的意思是，佛法，也就是真理，必定存在於某個地方。

人都具有佛性，即使在人生中迷失方向，也必定與真理同在。

遊戲三昧

我們工作，可能是為了賺錢、為了自我實現、為了獲得肯定，或是為了贏得勝利等等，多多少少都會帶著某些目的。

另一方面，「玩樂」則是自由的，可以做自己喜歡的事情，在任何時間去做。比起目的和成果，更重要的是享受沉浸其中的樂趣。

這句禪語教導我們，不要區分工作或玩樂，而是要將人生中的所有事情，以及當下發生的所有事情，都視為可以盡心盡力投入其中的樂趣。

前後際斷

「前後際斷」指的是「未來」、「過去」與「現在」這個瞬間都是獨立存在的，我們應該珍視當下的每一刻。

過去已經結束，未來無法預測，現在則是我們活著的此刻。但是，這三者並非連續性的存在。例如，即使後悔過去，也無法改變過去。即使擔憂未來，也只會被虛無縹緲的不安所困擾。我們應該專注於現在，全心全意地活在當下。

他不是吾

這句禪語的意思是「別人不是我」，也可以理解為「別人做的事情，不等於我自己做的事情」。這句話出自道元禪師的《典座教訓》。道元禪師在修行時，遇到一位老僧在烈日下努力曬香菇，他便對老僧說：「為什麼不讓別人來做呢？」老僧回答：「他不是吾」。意思是說，如果不是親身體驗，就沒有意義。

我們不應該把任何可以自己做的事情，輕易地交給別人。現在就去做，才能從中學習，豐富自己的人生。

他不是吾

登山嗎？
PC
大概是這樣吧？
涼涼的空氣真清爽！
哈
哈
呼
現實
累、累死了！
但風景好美！真棒！

回向返照

這句禪語的意思是，不要把心思放在外在事物上，而是要向內觀照自身。「回向」指的是迴轉、朝向，「返照」指的是照亮。這句話教導我們，不要被外在事物，例如世俗、他人、事件等等所迷惑，而是要將注意力轉向內心，照亮每個人心中原本就存在的純淨本性。

我們的意識很容易向外追尋，也常常向外尋求答案，但更重要的是花時間與自己的內心深入對話。例如，睡覺前練習坐禪、在佛壇前雙手合十等等，養成經常反省自身的習慣。

不退轉

這句禪語經常被政治人物使用，用來表達「絕不退讓」的決心。但是，這句禪語的本意其實是「不氣餒」、「不懈怠」。

在禪宗裡，指的是開悟之後，就絕不回頭的境界。我們應該接受那些無法改變的事情，但不要因此而放棄，也不要隨波逐流，或是向任何事物屈服，而是要一步一步地向前邁進。在心中立下「絕不退讓」的誓言，堅定信念，才能勇往直前。

獨坐大雄峰

一位僧侶問百丈懷海禪師：「世界上最美好的事情是什麼？」禪師回答了這句話。「大雄峰」指的是百丈懷海禪師所在的百丈山。禪師的意思是，在這座高聳山峰的大自然中，獨自靜坐，就是最令人感恩和幸福的事情。

重要的是，我們現在能夠活著，能夠坐在這裡，這就是最珍貴的事實。比起財富、地位、名譽等等，更應該感謝自己此刻活著，並坐在這裡。與其向外追求，不如尋求自我內心的平靜，不被任何事物所動搖。

道無橫經，立者孤危

孤立在沒有岔路上的一條道路上極度危險。人生是由一連串的選擇和決定所組成的，包括大大小小的事情。有時候，看似好的選擇，可能會帶來意想不到的結果；有時候，即使猶豫不決，也沒有時間讓我們慢慢思考。在這種情況下，如果只是為了安心而跟著大家走，到頭來可能會掉落陷阱，所有人一起摔得粉身碎骨。

如果依附別人的意見，卻做了錯誤的選擇，將後悔莫及。我們應該獨立思考，並且為自己的人生做出選擇。

腳下照顧

這句禪語源自鎌倉時代，孤峰覺明禪師在被弟子詢問禪宗究極目的時的回答。「照顧腳下」就是指「看看你的腳下」。「照顧」指的是照亮並回顧，也就是仔細觀察的意思。在探究禪宗奧義這種深奧博大的道理之前，首先要看看自己的腳下、審視自己，也就是說要重新審視自己的內心。

這句話經常被懸掛在禪寺的玄關，也被廣泛理解為「把鞋子擺整齊」的意思。日常生活也是修行的一部分，首先要養成擺正鞋子的習慣，時刻關注自己的立足點極為重要。

腳下照顧

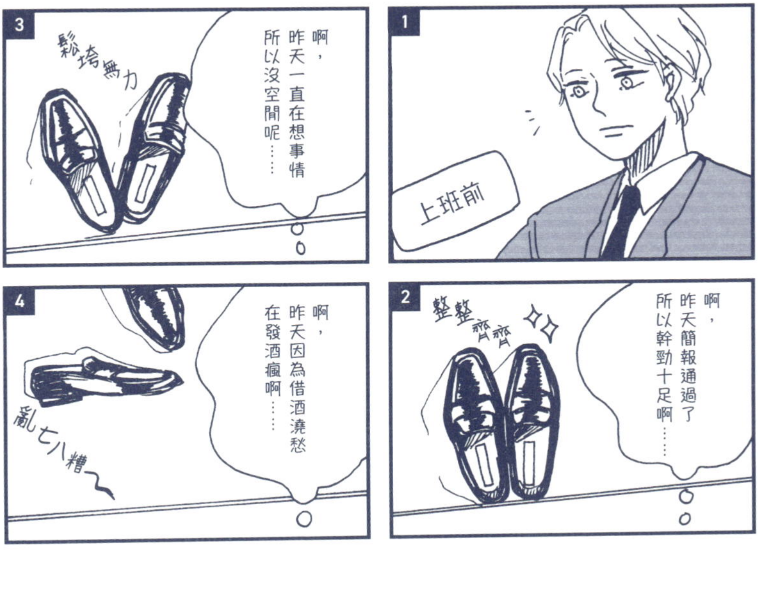
1
上班前
2
整整齊齊
啊，昨天簡報通過了所以幹勁十足啊……
3
鬆垮無力
啊，昨天一直在想事情所以沒空閒呢……
4
啊，昨天因為借酒澆愁在發酒瘋啊……
亂七八糟~

莫妄想

這句禪語源自中國唐代馬祖道一禪師的弟子汾州無業禪師。無業禪師一生都把這句話掛在嘴邊。這句禪語的意思是「不要妄想」，但這裡的妄想並非指誇大妄想，而是指「不要思考無法思考的事物」、「不要用相對、二元的方式看待事物」。

例如，如果我們一直思考「死後會怎樣」，就只會後悔過去、擔憂未來，這就是「妄想」和雜念。我們應該專注於現在能做、應該做的事情，才能驅除雜念。

鳥啼山更幽

這是中國詩人王籍的詩句。在寂靜幽深的山中，一隻鳥兒鳴叫，聲音響徹整個森林。鳥鳴聲消失後，山中再次恢復寧靜，但比鳥鳴之前更加寂靜。

這個景象也可以比喻人生。如同打破寧靜的鳥鳴聲，人生中也可能突然遭遇巨大的困難。但是，比起一直平靜無波的日子，經歷過巨大困難後的人生反而更加深邃。這正是人成長的過程。

眼橫鼻直

字面上的意思是，眼睛是橫著排列的，鼻子是豎著長的。這是理所當然的事情，卻是道元禪師在中國宋朝悟道後，回國時所說的話。這句禪語教導我們，要坦然接受理所當然的事情，感受事物本來的樣子，這一點非常重要。禪師學禪，並沒有帶回經書，而是將他的悟道凝縮在這句禪語中傳達出來。不要執著於美醜而刻意裝扮，也不要為了虛張聲勢而好大喜功，以真實的樣貌生活才是美好的。

一心不生，萬法無咎

這是中國鑑智僧璨禪師曾說過的話。「一心不生」指的是心中不起任何念頭，沒有好壞的判斷，也沒有喜歡或討厭的情緒，保持無心的狀態。「萬法」指的是所有存在的事物，「無咎」指的是沒有罪過。

這句禪語的意思是，如果我們對任何事情都不抱持二元化的看法，也不妄加評判，就能接受一切事物本來的樣子。任何事物本身就是真實的。不要被時代或情況變化的價值標準所左右，也不要被偏見和執著的心所束縛，首先試著接受一切事物本來的樣子吧。

泥佛不渡水

真正的佛祖無所不能，據說可以在水上行走，但是用泥土或石頭等材料製作的佛像，卻無法渡水（河），反而會溶化。由此可見，有形的東西終究會毀壞，所以我們不應執著於事物，也不應被其束縛。價值存在於事物的本質，而非其外在形式。

同樣地，人類即使擁有財產或貴重物品，也不會提升自身的能力和價值。我們應該磨練自己，讓自己即使一無所有也能立足於世。

且緩緩

這是中國唐末五代雲門宗的祖師，雲門文偃禪師所說的話。有一位弟子急於開悟，不斷追問禪師：「究竟什麼是悟道？」「如何才能悟道？」禪師便如此回答他：「別急別急，慢慢來，慢慢來。」

在現代社會，「快！快！」似乎成了各個領域的口號，但我們是否真的需要如此追求速度？是否總是需要急急忙忙？不妨先靜下心來好好思考一下。

禪寺本山

依各宗派介紹臨濟宗、曹洞宗、黃檗宗的本山。

臨濟宗

瑞石山 永源寺
〒 527-0212
滋賀縣東近江市永源寺高野町 41

靈龜山 天龍寺
〒 616-8385
京都市右京區嵯峨天龍寺芒之馬場町 68

萬年山 相國寺
〒 602-0898
京都市上京區今出川通烏丸東入

東山 建仁寺
〒 605-0811
京都市東山區大和大路通四条下小松町

塩山 向嶽寺
〒 404-0042
山梨縣甲州市塩山上於曽 2026

御許山 佛通寺
〒 729-0471
廣島縣三原市高坂町許山 22

摩頂山 國泰寺
〒 933-0137
富山縣高岡市太田 184

正法山 妙心寺
〒 616-8035
京都市右京區花園妙心寺町 1

瑞龍山 南禪寺
〒 606-8435
京都市左京區南禪寺福地町

巨福山 建長寺
〒 247-8525
神奈川縣鎌倉市山之内 8

慧日山 東福寺
〒 605-0981
京都市東山區本町 15-778

瑞鹿山 圓覺寺
〒 247-0062
神奈川縣鎌倉市山之内 409

龍寶山 大德寺
〒 603-8231
京都市北區紫野大德寺町 53

深奧山 方廣寺
〒 431-2224
靜岡縣濱松市北區引佐町奧山 1577-1

曹洞宗

吉祥山 永平寺
〒 910-1228
福井縣吉田郡永平寺町志比 5-15

諸嶽山 總持寺
〒 230-8686
神奈川縣橫濱市鶴見區鶴見 2-1-1

黃檗宗

黃檗山 萬福寺
〒 611-0011
京都府宇治市五ケ庄三番割 34

※ 參考網站
臨濟宗：臨濟禪 黃檗禪 官方網站 臨黃網（http://www.rinnou.net/ ）
曹洞宗：大本山 永平寺 官方網站（https://daihonzan-eiheiji.com/） 大本山 總持寺 官方網站（http://www.sojiji.jp/）
各寺院 官方網站

別讓每件事都煩到你

看漫畫學禪智慧，讓你工作、生活、人際無憂一身輕

監　修　枡野俊明
漫　畫　夏江まみ
譯　者　卓惠娟

副總編輯　賴譽夫
資深主編　賴虹伶
美術設計　張倚禎
行銷總監　陳雅雯
行銷企劃　張詠晶、趙鴻祐

出　版　遠足文化事業股份有限公司
發　行　遠足文化事業股份有限公司（讀書共和國出版集團）
地　址　231 新北市新店區民權路 108 之 2 號 9 樓
郵撥帳號　19504465遠足文化事業股份有限公司
電　話　(02)2218-1417
信　箱　service@bookrep.com.tw

法律顧問 / 華洋法律事務所 蘇文生律師
印　製 / 呈靖有限公司
出版日期 / 2025 年 2 月 初版一刷
　　　　2025 年 4 月 初版三刷
定　價 / 420 元
ISBN 978-986-508-345-8
978-986-508-346-5 (EPUB)
978-986-508-347-2 (PDF)

國家圖書館出版品預行編目（CIP）資料

別讓每件事都煩到你：看漫畫學禪智慧，讓你工作、生活、人際無憂一身輕 / 枡野俊明監修；夏江まみ漫畫；卓惠娟譯．-- 初版．-- 新北市：遠足文化事業股份有限公司，2025.02
面；　公分
譯自：マンガで実用 使える禅
SBN 978-986-508-345-8(平裝)
1.CST: 禪宗 2.CST: 佛教修持 3.CST: 漫畫
226.65　　114001186